オンライン・ハイブリッド学術集会の設計と開催

富松俊太：著

水曜社

📶 はじめに

　本書では遠隔会議を使ったオンライン・ハイブリッド学術集会の技術的な実現方法を解説します。学術集会にはさまざまな規模がありますが、本書の読者の多くを占めるであろう研究者の皆さんができるだけ自分たちの力で開催できるよう、主な対象は大学の教室や講堂で、現地会場の参加者が100名より少ない規模を想定しています。もちろんこれよりも規模の大きな学術集会で、自分たちではなく業者に対応を依頼する場合でも、本書の基本的な考え方は共通するものがあるでしょう。

　現地開催やオンライン開催と比べて参加と交流の両方の機会提供を実現できることから、ハイブリッド開催は研究者にとって理想的な学術集会だといわれます。一方、技術的に難しい形態でもあります。餅は餅屋というように、技術面の対応は専門の業者に依頼するのが一番確実ではあります。しかし全ての学術集会が十分な予算を持っているわけではありません。さらに過去の実施方法からノウハウを得ようとしても技術面の記録や言及は少なく、やりたいことをどう実現するかも、どういったやり方がベストなのかも、自分たちの知識や経験に頼るしかありません。

　筆者の所属する九州大学病院国際医療部アジア遠隔医療開発センターでは、2002年より遠隔会議を使った医療教育活動をおこなってきました。新型コロナウイルス感染症が拡大した2020年からは学術集会のオンラインやハイブリッド開催の技術支援の依頼を数多く引き受けています。

　本書ではこの知識や経験をもとに学術集会の技術要件を整理しました。学術集会によってはカバーできない要件もあるかもしれません。しかし「リアルタイムでの発表と質疑を実現する」という基本方針で開催するにあたっては、本書の情報を参考にすることができるでしょう。また可能な限り読者が自分たちの力で開催できるよう、使う機材はできるだけ少なく、そして各機材は安価で手配しやすいものを使っています。

本書の対象となる読者は、第一に学術集会のハイブリッド開催で遠隔会議とその周辺機器の対応をおこなう技術担当者となる研究者になります。自分の大学で開催される学術集会の準備は、大学所属の研究者として避けて通れない道です。仕事やプライベートで遠隔会議に慣れ親しみ、基本的な使い方はわかっていても、ハイブリッド開催をいざやろうとすると、まったく勝手が違うことに気づくはずです。どこから手を付ければいいのか、誰に何を相談すればいいのか、途方に暮れている方が本書を手にとって、第一歩を踏み出すためのきっかけとなれば幸いです。

　第二の対象となる読者は、その学術集会が何を目指し何をおこなうかを決める主催者の先生方です。オンラインやハイブリッドで学術集会を企画するうえで「できるだけ現地開催と同じようにしたい」という要望が挙がってくると思います。自分たちでやる場合でも業者に依頼する場合でも、やりたいことと実際に運営する方法の難しさを知っておくことで、開催方法を検討するための判断材料となるでしょう。

　第三の対象は市民公開講座や企業のセミナーをはじめとした、すべての現地会場とオンラインを組み合わせた同期型イベントの企画に関わる人になります。リアルタイムでの発表と質疑は多くのイベントの基本でもありますので、学術集会ではなくても本書からなにかしら参考となればと願うものです。

6. 機器・設備

7. 技術担当者の仕事

8. ハイブリッド学術集会の構成例

学術集会と
オンライン・
ハイブリッド
開催

⏻ 学術集会

　本書では学術集会を、学術的な研究成果を公表する集会イベントと定義します。個別にイベントの名称を見ていくと「学術大会」「研究会」「シンポジウム」などの呼び名があり、その定義は学術領域や開催団体によって異なりますが、本書では同じものとして取り扱います。

　研究では結果をまとめて公表することが求められているため、学術集会での発表は論文執筆とならんで研究者にとって欠かせない業務になります。

　学術集会の規模も世界各地から1万人を超す参加者が集まるものから、数十人の有志によるものまで多様です。しかしいずれも下記の3点の目的は共通しているでしょう。

・発表：自らの新しい知見を広め、外部の最新の研究や動向を知る
・議論：発表された研究の発展につなげる
・交流：社会的なつながりを構築・発展する

　これらの目的を実現するため、少なくとも2020年より前はすべての参加者が物理的にひとつの場所に集まる形が一般的でした。今日ではオンライン・ハイブリッド開催が現実的な選択肢となったため、それらとの差別化をはかるため本書ではこの開催形態を「現地開催」と呼びます。

　開催にあたる方針検討や準備を実際におこなう体制も、学術集会によって様々です。本書では学術集会そのものやセッション開催の意思決定を実質的に取り仕切る役割を主催者、主催者のもとで実務を担うチームを事務局と呼びます。さらにオンラインやハイブリッド開催では、後述する技術担当者の役割が必要となります。

　なお学術集会を「学会」と呼ぶことも珍しくありません。しかし学会は学術研究活動をおこなう団体そのものを指す単語でもあり、混同を避けるため本書では個別の会議名以外で使用しません。また本書は集会の手段について論じることを目的とするため、学術集会における学術領域や構成員は定義しません。

⏻ 学術集会のオンライン開催

　本書では学術集会のオンライン開催を、一般参加者が個人端末（パソコンやタブレット、スマートフォン）を使って接続し、リアルタイムに視聴と質疑ができる形態とします。この定義から外れる例として、質問を受け付けないリアルタイムでの一方向配信や、リアルタイム性のないオンデマンド配信があります。あくまで本書で紹介する実現方法でカバーしきれないためであり、これら定義から外れるやり方自体を否定するものではありません。

　2020年、新型コロナウイルス感染症の拡大によってこれまで一般的だった学術集会の現地開催ができなくなりました。そのなかでオンライン開催は、物理的な接触機会を減らしながらリアルタイムに視聴と質疑ができる代替手段として注目されました。

　学術集会のオンライン開催に欠かせない遠隔会議はまた、仕事のミーティングや講義で、あるいはプライベートでもオンライン飲み会やオンライン帰省など広く使われるようになりました。日常的に触れることで多くの人は遠隔会議がどんなものか、どうやって使うか、なにができるかを理解しました。遠隔会議はもはや社会の共通言語で、研究者の大多数が使いこなせるという前提が、オンライン開催を担保する理由のひとつともいえるでしょう。

　そしてオンライン学術集会を経験していった参加者は「参加機会の提供」という学術集会におけるもうひとつの強みを見出しました。

　オンラインならば移動や滞在の時間を他の用事にあてられます。これは休日の業務だけではなく、育児や介護のためにこれまで参加を断念していた人たちにとってありがたいものでしょう。午前に1演題、夕方に1演題といった最低限の発表だけ聞くのもオンライン参加ならではの時間の使い方です。

　また移動の負担は時間だけではありません。国際会議では会場から遠い国や発展途上国から参加する研究者の地理・経済的な負担が大きくなります。身体的に長距離移動が難しい研究者もいるでしょう。オンライン開催ならばそれらのバリアを取り払って学術集会への参加機会を提供し、学術研究における格差の是正につなげることができます。

しかし学術集会のオンライン開催は少なくとも本書執筆時点では、現地開催に取って代わるものではありません。オンライン開催では学術集会の目的のひとつである交流機会の提供、すなわち参加者間の社会的なつながりの構築・発展が難しいためです。

　リアルタイムでの発表と質疑ができるオンライン開催であっても、セッションのさなかや休憩時間中の口頭での雑談は十分にサポートされていません。発表中の参加者同士のプライベートチャットや雑談専用の遠隔会議の手配ならば技術的にできなくはありませんが、現地開催でのコミュニケーションほど活発にはなりにくいでしょう。オンライン懇親会もいろいろなやり方が模索されていますが、現地開催ほど定着していないのが現状です。

⏻ 学術集会のハイブリッド開催

　本書でいう学術集会のハイブリッド開催は、現地会場またはオンラインどちらかを一般参加者が自らの意思で選択でき、現地会場とオンライン参加者がリアルタイムに視聴と質疑ができる形態を指します。現地開催やオンライン開催と比べたときのハイブリッド開催の強みは参加と交流、その両方の機会提供です。

　移動が難しい場合はオンラインでの参加を、交流に重きをおく参加者は現地に集まるという選択肢を提供することで、それぞれがのぞむ参加経験とすることができます。現地参加はまた、遠隔会議を使いなれていない参加者、移動による非日常を期待する参加者にものぞまれる選択肢です。このような参加者の多様性を考慮した学術集会は、ソーシャル・インクルージョン（社会的包摂）の観点からも、これからの社会で求められるあり方となるでしょう。

　ハイブリッド開催は参加者にとっては理想的ですが、主催者にとっては頭を抱える方式になります。現地開催とオンライン開催をあわせるといろいろできてしまう（ように思えてしまう）のですが、その実現方法をひとつひとつ見ていくと意外と難しいことに気づくはずです。

　現地開催の学術集会では会場内にいる参加者向けに、発表資料を投影するプロジェクターと、参加者の発言を拡声するマイクとスピーカーがあれば発表や

議論が成立します。またオンライン開催では参加者の端末で映像、音声、発表資料の送受信をおこないます。

　ハイブリッド開催では、両方の参加者がコミュニケーションを取れることが要件になります（図1.1）。しかし現地参加者のための会場設備とオンライン参加者のための配信設備の手配は、合わさることで割安にはなりません。プロジェクターはオンライン参加者には必要ありません。逆にマイクからスピーカーに拡声される音声をオンライン参加者へ配信するには追加機材が必要となります。開催を業者に依頼する場合、その見積もりは現地開催とオンライン開催のほぼそのまま足し算、場合によってはプラスアルファがつきかねません。

　そしてすべての学術集会の事務局が十分な予算を持っているわけではないため、業者に依頼せず自分たちの手でおこなうという選択も珍しい話ではありません。しかしハイブリッド開催で現地会場をオンラインにつなげるためには、接続端末に加えて外付けの映像音声機器が必要となります。そしてそれらの機器の手配・設営・操作のための技術知識が求められます。適切ではない方法によって事務局の負担が大きく、かつ結果として低品質な発表の配信や不十分な議論になると、ハイブリッド開催そのものへの不信につながりかねません。

　予算と技術知識のない組織はハイブリッド学術研究会を開催する術がない、というのが現在のハイブリッド開催の課題ともいえるでしょう。実現のための負担を小さく、かつ全ての参加者にとって満足のいく経験を提供できるハイブリッド開催の手段が、これからの学術集会でますます必要になると考えられます。

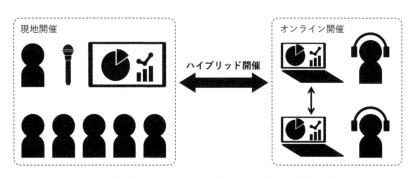

図1.1　現地開催、オンライン開催、ハイブリッド開催の概要

⏻ 技術担当者

　技術担当者とは学術集会のオンライン・ハイブリッド開催ですべての参加者が双方向でコミュニケーションを取るために、技術手段全般を対応する役割と定義します。すべての、とは現地会場の参加者のみならず、オンライン参加者同士、現地会場とオンラインの参加者間まで含みます。

　規模の小さな学術集会では業者を頼らず、主催校の教員が技術担当者となり自前の機材で対応する、という手弁当方式のほうが主流でしょう。7章で詳しく書きますが、オンライン配信の準備、会場設営や当日の操作などが技術担当者の主な役割になります。学術集会事務局の他の役割の人と分担することもあるかもしれません。

　いずれにせよ、高品質な映像音声での発表やスムーズな質疑の提供というテクニカルな観点において、オンライン・ハイブリッド開催における成功のカギはこの技術担当者の力量次第といって過言ではありません。

　業者に頼めば専門家が対応してくれますが、自分たちで対応する場合は主催校のなかでオンライン授業の経験が多い人、あるいは遠隔会議に詳しい人が技術担当者となるでしょう。オンライン開催ならいつもやっている遠隔会議の延長で考え、仕事やプライベートでの経験をふんだんに活かせます。しかし遠隔会議に大きな会場を組み合わせるとなると、十分な経験を持った教員は限られるでしょう。

　ハイブリッド開催でどの規模でどの程度のことが実現できるかは、技術担当者の知識や経験に左右されます。人によっては数百人を収容できる大講堂でのハイブリッド開催もできるでしょう。一方で知識や経験がなければ、どのような開催方式とするか、という検討すら難しくなります。専門家ではない研究者の肩に大きな責任がかかっている、というのが多くの手弁当方式の学術集会における技術担当者の実際でしょう。

⏻ 学術集会と授業の違い

　学術集会では、主催者の大学のキャンパスを会場とすることが少なからずあります。そして昨今の大学ではハイブリッド（ハイフレックスの名称が主流になりつつある）方式の授業をおこなってきた経験があります。

　例えば滋賀医科大学は図1.2のようなハイフレックス型講義の配信環境を整備しています。[1] この環境ではメインとサテライトの教室が同軸ケーブルを介してつながっており、かつメイン教室からZoomで同時配信ができるようになっています。さらにZoomを使って学外からの講義を中継することもでき、現地会場とオンライン参加者による双方向でのコミュニケーションが実現できています。

　配信設備のない教室では講師自身の端末や周辺機器でハイフレックスの環境をつくっているケースも多いでしょう。ハイフレックスの実現方法をホームペー

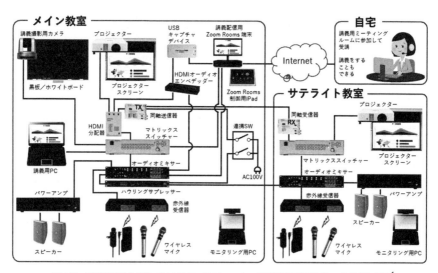

図1.2　滋賀医科大学におけるハイフレックス型講義配信設備の全体構成図[1]

1　本山一隆, 門田陽介, 重蔵憲治, 杉本喜久, 芦原貴司. 滋賀医科大学におけるハイフレックス型講義の全学導入. 学術情報処理研究. 2020;19(25):39–45.

ジで公開している大学もあります[2,3]。京都大学では講義形式に応じて解説をしており、北海道大学では技術負担に応じた2種類の実施要領をまとめています。

　ハイブリッド学術集会の開催方式を検討する過程で「大学にある設備やノウハウを流用できれば少ない負担で学術集会のハイブリッド開催が可能だろう」という話が挙がるでしょう。理論上はそのとおりですが、いざやってみると意外とうまくいかないものです。これは授業と学術集会は似ているようで体制が違うためです。

　違いのひとつが双方向性です。授業では講師が学生へ語りかける一方向に重きがおかれるのに対し、学術集会では複数の演者による発表に加えて一般参加者からの質疑がおこなわれます。これがハイブリッド開催となると現地会場とオンライン参加の混在する複雑な双方向になります。

　前述の例でいくと、滋賀医科大学は本書のハイブリッド学術集会の要件を十分に満たしていますが、ここまで設備の整った教室はそう多くありません。ハイフレックスに対応していても教室からオンラインへの一方向しかできない、学術集会の現地参加数を満たせる広さの教室ではない、ということが往々にしてあることでしょう。

　京都大学の例は、マイク設備のある中規模以上の教室を想定した双方向性のある実施方法を述べています。北海道大学の例では、オンラインの学生からはチャットを用いる形で双方向性を実現しています。本書ではこれらもふまえ、種々の条件下での実現方法を述べていきます。

　学術集会と授業のもうひとつの違いが組織です。同じ大学に所属する学生の授業と異なる組織に所属する研究者の学術集会参加では、遠隔会議への理解が違います。授業では当たり前に使っている遠隔会議のプラットフォーム・設定・操作ルールが、学術集会参加者には慣れないものである可能性は十分あるでしょう。

　さらに大学の教室を使っていても、授業と学術集会では頻度が異なります。

2　ハイブリッド授業の実施方法 [Internet]. [cited 2022 Feb 15]. Available from: https://sites.google.com/kyoto-u.ac.jp/ilas-online-hybrid-helpdesk/hybridclass?authuser= 0

3　ハイフレックス型授業ガイド [Internet]. [cited 2022 Feb 15]. Available from: https://sites.google.com/huoec.jp/onlinelecture/onlinelearning/hybrid-flexible-learning

毎週同じ技術構成でおこなう授業であれば、担当教官もだんだん設営や操作に慣れていくことができますが、一度きりの学術集会の技術担当者はそうもいきません。また平日の日中に大学の組織内でおこなわれる授業と、土日に学外者が使う学術集会とではサポート体制が異なります。

⏻ 本書の構成

　多くの制約のなかで主催者の要望に沿い、参加者が満足するハイブリッド学術集会の落とし所を、どのように考えていけばよいのでしょうか。本書ではその技術的な実現方法を図1.3に従い、オンライン・ハイブリッド学術集会の実現手段と実現要素に分けて解説していきます。

　2章から5章ではハイブリッド開催の実現手段として、システム、会場の映

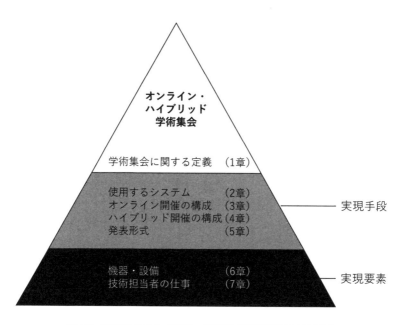

図1.3　学術集会のハイブリッド開催の実現手段と実現要素

像音声の構成、そして発表形式のやり方を説明していきます。いずれの章でも手段はひとつだけではありません。複数の手段があって、それぞれに利点があり、実現の難易度も異なります。自分たちがやりたいハイブリッド開催に対して実現性という観点での判断材料としていただければ幸いです。なおハイブリッド開催の前提としてオンライン開催の説明も欠かすことができませんので、３章で個別に解説します。２章の「使用するシステム」や５章の「発表形式」はオンライン開催でも共通する内容としています。

　６章と７章は、上記手段の土台となる要素になります。６章の「機器・設備」は最低限揃えられるであろうものから、特定の手段を実現するために必要なもの、あるとよいものまでを解説しています。また２〜６章では学術集会の現地会場を中心に解説していましたが、７章の「技術担当者の仕事」ではオンライン参加者との調整も述べています。

　最後に８章では、２〜７章の解説をふまえたうえで、筆者が技術担当者として実際に対応した「ハイブリッド学術集会の構成例」を説明します。

 Column　　　遠隔会議の技術発展

　学術集会のオンライン開催の普及要因として、コロナウイルス感染症拡大にともなう遠隔会議の一般化を挙げました。それに関連して遠隔会議そのもの、すなわちリアルタイムに映像と音声を双方向で送受信する技術の発展もまた欠かすことのできない普及要因であると考えられます。

　遠隔会議を教育研究で使う場合、ただつながればいいというわけにはいきません。正しく情報が伝わるための品質が求められます。例えば医療教育で手術映像を送る場合、精細さだけではなく過程がわかるよう高いフレームレートが要求されます。

　2000年代にはこのような品質の要件を満たす遠隔会議としてDVTS（Digital Video Transport System）やH.323方式が教育研究で使われていまし

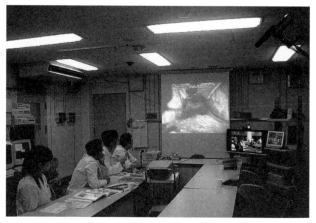

図1.4　DVTSを使った韓国からのライブ手術中継（2003年）

た[4,5]。九州大学病院では2003年より図1.4で示すようなDVTSによる国際手術ライブをおこなっています[6]。

しかしDVTSとH.323のいずれも端末ごとにグローバルIPを要しており、個人が気軽に接続できるものではありませんでした。また1対1での接続を前提として設計されており、3地点以上の接続はMCU（Multipoint Control Unit）と呼ばれるサーバを必要としていましたが、その接続数も多くて数十でした。

そのため遠隔会議を使ったオンライン教育研究イベントでは現在のオンライン学術集会のような個人単位ではなく、部屋単位が主流でした。部屋単位、すなわち複数の参加者が部屋に集まってひとつの遠隔会議端末を共有し、オンラインで接続された他の部屋に集まった参加者とコミュニケー

4　DVTS (Digital Video Transport System) コンソーシアム [Internet]. 慶應義塾大学SFC研究所. [cited 2022 Aug 14]. Available from: https://www.kri.sfc.keio.ac.jp/ja/consortium/dvts/

5　H.323 : Packet-based multimedia communications systems [Internet]. International Telecommunication Union. [cited 2022 Aug 14]. Available from: https://www.itu.int/rec/T-REC-H.323/e

6　Shimizu S, Nakashima N, Okamura K, Hahm JS, Kim YW, Moon BI, et al. International transmission of uncompressed endoscopic surgery images via superfast broadband Internet connections. Surg Endosc Other Interv Tech. 2006;20(1):167–70.

ションを取る方式です。

　ひとつの部屋から複数名が共有する遠隔会議端末で映像音声をやり取りするには、外部機器の設営と調整に加えて本番中の操作が求められます。参加者がこういった技術面を気にせず発表や議論に集中するため、技術担当者が接続施設ごとに手配されていました。

　今日では技術発展によって遠隔会議は数百単位での接続が可能となり、また個人端末で送受信する映像音声の品質も劇的によくなりました。教育研究での利用に耐えうる品質での遠隔会議が、接続施設ごとの部屋や機材そして技術担当者を手配することなく実現できる時代となったのです。

　しかしこの部屋単位での接続も役割を終えたわけではなく、むしろハイブリッド開催では現地会場という主要な立場に置かれます。さらなる技術発展によって大きな会場と遠隔会議の組み合わせが簡単になり、技術担当者がいらなくなる日がくるかもしれません。しかしいましばらくは不可欠であり、本書が役に立てる余地もそこにあると考えています。

2

使用する
システム

⟳ 要件

　学術集会のオンライン・ハイブリッド開催を検討するうえで、技術面では
まず利用するシステムを決定します。遠隔会議やウェビナー、ライブストリー
ミングなど多くのシステムがありますが、どれを選択すればよいのでしょうか。
本章では学術集会のオンライン参加における基本的な情報の考え方とシステム
の特徴をふまえ、どうシステムを選定していくかを解説していきます。

⟳ オンライン参加における基本的な情報の考え方

　本書における学術集会では、すべての参加者がリアルタイムに視聴と質疑が
できることを目指します。これをオンライン・ハイブリッド開催で実現するため、
まずは参加者の役割ごとの行動、そして参加者間でやりとりされる情報のふた
つから検討していきます。

✎ 参加者の役割ごとの行動

　学術集会のセッションでは、いずれの開催形態でも共通して参加者の役割は
大きく座長、演者、一般参加者に分類されます。学術集会によっては座長と司
会が分かれる場合もあるでしょう。一般的なセッションの流れは、開始時と終
了時の座長の挨拶があり、その間に座長の進行のもとで演者の発表とすべての
参加者の間での質疑応答が繰り返されるというものです。参加者の役割ごとの
行動をまとめると表2.1になります。なお学術集会では一般的に複数の演者が
いるため、他の演者の発表視聴があるものとします。

	座長	演者	一般参加者
挨拶・進行	○	-	-
発表	-	○	-
発表視聴	○	○	○
質疑応答	○	○	○

表2.1　参加者の役割ごとの行動

📝参加者間でやりとりされる情報

　学術集会のセッションでやりとりされる情報の要件は、すべての参加者が発表資料を見て、他の参加者の声を聞くこととなります。ここに他の参加者の姿を見ることを追加してもよいでしょう。参加者の役割ごとの行動をオンライン参加の要件におとしこむと、各接続単位（端末）で下記をリアルタイムで実現できることとなります。

・音声とカメラ映像をすべての参加者が送受信する
・発表資料を演者が送信し、他の参加者が受信する

　ここに音声でのコミュニケーションを補助するツールとしてチャット機能を加えたものを、オンライン参加の接続単位における基本要件とします（図2.1）。

　一般的に使われているノートPCやタブレット、スマートフォンは基本的にマイク・スピーカー・カメラ・モニタが内蔵されているため、個人で使って参加する前提であれば端末単体でこの基本要件を満たすことができます。デスクトップPCの場合、またはハイブリッド開催における現地会場のように複数の参加者がひとつの端末を用いる場合は、映像音声の入出力機器を別途手配します。

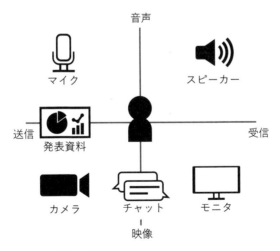

図2.1　オンライン開催における接続単位の基本要件

⏻ システム

　一般参加者がリアルタイムに発表の視聴と質問をおこなえる学術集会のオンライン・ハイブリッド開催を実現するシステムは遠隔会議、ウェビナー、ライブストリーミングに分類できます。本節では学術集会におけるシステムを検討するうえでのそれぞれの特性を解説していきます。

　それぞれのシステムを端的に表すとすれば、参加者の双方向性が高いのが遠隔会議、ほかのふたつの中間に位置するのがウェビナー、最大同時接続数が多いのがライブストリーミングとなります（図2.2）。双方向性が高ければ現地開催と同じようにすべての参加者に発言機会を提供でき、最大同時接続数が多ければより大規模な学術集会とすることができます。

　遠隔会議の有料プランでも少なくとも100名は接続可能です。中小規模の学術集会であれば、最大同時接続数はあまり気にする必要はありません。

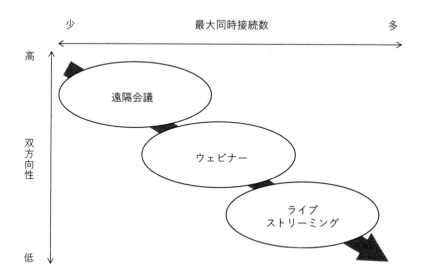

図2.2　システムの比較

✏️ 遠隔会議

　遠隔会議はすべての接続端末で映像と音声の送受信ができるシステムです。

　代表的なプラットフォームとしてはZoomやMicrosoft Teams、シスコシステムズWebexがあります。いずれのプラットフォームも無料で利用できるものの、1時間以下の実施時間など機能制限があります。学術集会では有料プラン推奨です。

　遠隔会議は接続端末内にあるアプリケーション画面を他の参加者へ見せる画面共有機能や、リアルタイムにテキストコミュニケーションをおこなうチャット機能も基本機能として有しており、すべての参加者が接続単位の基本要件を満たせるシステムであるといえます（図2.3）。

　遠隔会議では、ホスト（管理者）は各参加者の入退室やマイクのオンオフを操作できます。本書ではこのホストの役割は技術担当者が担います。

　主要な遠隔会議プラットフォームでは、PCやタブレット、スマートフォンそれぞれで使えるアプリがあります。なお2023年3月時点での最大同時接続数はZoom、Microsoft Teams、シスコシステムズWebexいずれも1,000名です。

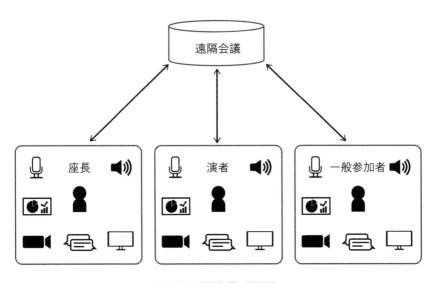

図2.3　遠隔会議の概要図

✏️ ウェビナー

　ウェビナーは、本書においては前述の遠隔会議プラットフォームの有償オプションまたは特定のライセンスに付属する機能として、接続端末の権限を細分化させたものを指します（図2.4）。Zoom、Microsoft Teams、シスコシステムズWebexいずれもウェビナーという名称のオプションがあります。

　ウェビナーではすべての接続端末で映像音声の受信ができるものの、送信や画面共有ができる接続端末は限られています。学術集会参加者の役割でいうと、座長と演者は送信や画面共有ができ、一般参加者は受信するのみ、という体制になります。ただし一般参加者も、ウェビナーのホスト（管理者）の操作によってマイクを使った発言ができるほか、チャット機能によって座長、演者や他の一般参加者へのリアルタイムでの問いかけができます。また遠隔会議と比べると、ウェビナーのほうが最大同時接続数が多いプランが提供されています。

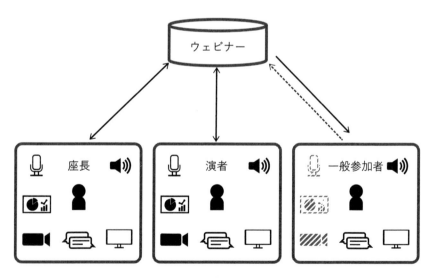

図2.4　ウェビナーの概要図

ライブストリーミング

　ライブストリーミングは映像音声を一方的にリアルタイム配信する形式です（図2.5）。プラットフォームとしてはYouTubeやVimeoが例として挙げられます。YouTubeもVimeoもユーザーが見たいときに視聴するオンデマンド配信と、このライブストリーミングの両方を提供しています。YouTubeなら無料で使え、VimeoでもZoomやシスコシステムズWebexの有料プランより安価です。

　前述の遠隔会議とウェビナーは同一プラットフォームの異なる機能でしたが、ライブストリーミングはそれらとは独立したプラットフォームになります。そのため以下のような機能的な違いを考慮にいれておきます。

　ライブストリーミングでは一般参加者は専用のアプリをインストールすることなく、Webブラウザによって視聴することができます。また最大同時接続数も上限がないか、あっても遠隔会議やウェビナーより多いです。多くの人へ届けることができる点がライブストリーミングの強みといえるでしょう。

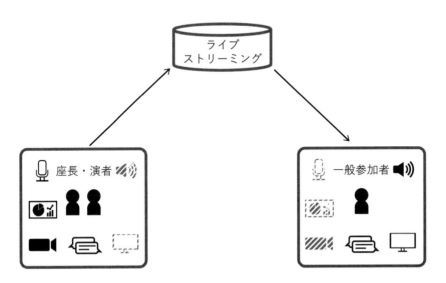

図2.5　ライブストリーミングの概要図

一般参加者は口頭でのコミュニケーションはできませんが、チャットを用いることで座長や演者へ問いかけができます。ただし遠隔会議やウェビナーと異なり、配信には数秒から分単位の遅延が発生しうるため、議論のかけあいは難しいでしょう。

　またライブストリーミングは遠隔会議やウェビナーと比較して機能不足が否めません。よくいえばシンプルで、外部機器や他のシステムと組み合わせることで自由度の高い配信が実現できます。そういう意味では他のふたつのシステムと比べて上級者向けともいえます。

　機能不足の例ですが、ライブストリーミングは個別の参加者の接続ログをとれません。出席確認が必要なら外部サービスのオンラインフォームを使ってセッション中に抜き打ちでおこなうなど、別途やり方を検討する必要があります。

　また、ひとつの映像ソースしか配信できず、学術集会ではカメラ映像と発表資料の切り替えや同時表示をおこなう機能がありません。しかし映像ミキサーや外部アプリを使うことで遠隔会議やウェビナーより自由に映像レイアウトを編集して配信することができます。

　ライブストリーミングはあくまで一方向配信です。座長や演者は物理的にひとつの場所に集まる必要があります。ただし次項で書くとおり、遠隔会議と組み合わせることで座長と演者の全員がオンラインでつないだ配信も可能です。

✏️ 遠隔会議とライブストリーミングの組み合わせ

ライブストリーミングの制限事項である、座長と演者が一箇所に集まる必要性は、遠隔会議との組み合わせで解決できます。多くの遠隔会議プラットフォームは外部サービスであるライブストリーミングと連携する機能を持っており、これらを組み合わせることでウェビナーに近いシステムにすることができます（図2.6）。

この組み合わせであれば座長と演者は遠隔会議に接続してオンライン越しに進行や発表をおこない、一般参加者はライブストリーミングで視聴し、チャットで質問が可能です。また遠隔会議をそのままライブストリーミングで配信するため、特別な準備や操作なしでカメラと発表資料の切り替えや同時表示ができます。

ライブストリーミングは上級者向けという説明をしましたが、この組み合わせは遠隔会議プラットフォームがサポートしている機能なので、設定や操作もさほど難しいものではありません。

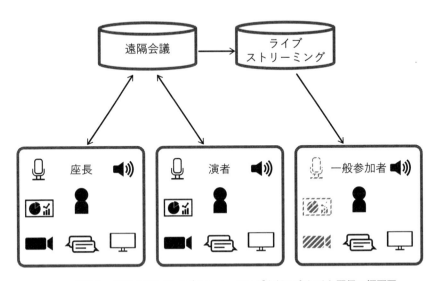

図2.6　遠隔会議とライブストリーミングを組み合わせた配信の概要図

⟳ システム選定

　それぞれのシステムについて、ここまでの解説を一覧にしたものが図2.7になります。自分たちがオンライン・ハイブリッド学術集会を開催するときにこれらをどう選べばよいでしょうか。本書ではシステム選定の考え方を「参加人数に応じて接続単位の基本要件から何を削いでいくか」とします。平たくいえば質疑応答をどのような形式にするかです。

　質疑応答による議論は、発表とセットで学術集会の本質ともいえるでしょう。そして議論を盛り上げるためには、一般参加者を含めすべての参加者が等しく気軽に発言できる場をつくるべきです。そういう意味では遠隔会議が最善の選択肢となりそうですが、その判断を下す前に遠隔会議における一般参加者の発言について考えなければなりません。

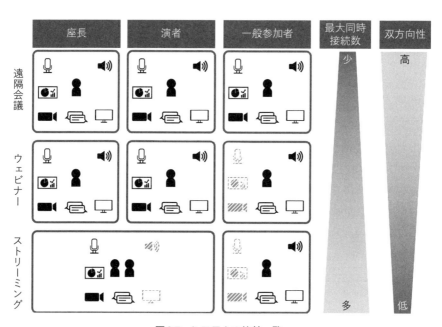

図2.7　システムの比較一覧

🖊 遠隔会議における一般参加者の発言

　遠隔会議で起きる技術的なトラブルの典型的な例のひとつに、参加者の意図しない音声の混入があります。接続直後や発言後にマイクを切り忘れ、生活音やひとりごとが他の参加者全体に聞こえてしまうというものです。現地開催であればセッション中でも多少のひとりごとや雑談はできますが、オンラインやハイブリッド学術集会では十分に発表を台なしにするでしょう。

　そしてこの意図しない音声の混入は、遠隔会議においては接続端末ひとつひとつが起こす可能性を持っているので、接続数が多いほど起こりやすくなります。学術集会における接続数が20の場合、接続数10のときと比べて意図しない音声の混入を起こしうる端末が2倍多い、という計算です。

　また学術集会のセッションでは、一般参加者の発言数についても考慮しておいたほうがよいでしょう。例えばオンライン開催の60分で演者ひとりの持ち時間が10分（6発表）のセッションがあったとして、1発表につき独立した一般参加者2名が質問すると、最大12名が発言することになります。全体の参加者が20名（座長2名、演者6名、一般参加者12名）なら全員が発言できるので遠隔会議にする意義があります。しかしこれが参加者500名になると480名が発言しないうえに意図しない音声の混入のリスクを持っていることになります。

　また筆者の経験では、ハイブリッド開催でオンラインの参加者と現地会場の参加者が口頭で会話できる機材構成を組んだものの、オンラインの一般参加者からの発言は皆無だったこともあります。行使されない可能性のある発言の権利に対して、意図しない音声の混入は見合ったリスクであるか、という検討は必要です。

🖊 システム選定の例

　システムは上述のような一般参加者の発言を中心に、端末の接続数に応じたものを選定していきます。

　接続数が数十名程度であれば遠隔会議で問題ありません。すべての参加者が音声と映像を送受信することで、現地開催に限りなく近いオンライン・ハイブ

リッド学術集会とすることができます。

　接続数が100を超えるあたりでウェビナーを用いる検討が始まるでしょう。一般参加者の接続数が増えるということは、議論に加わる一般参加者の割合が減るということであり、また、意図しない音声の混入のリスクが高まるということでもあります。

　さらに参加者数が増え1,000名を超えてくると、ライブストリーミングの導入を検討するべきです。ライブストリーミングはウェビナーと比べて遅延や機能不足が否めない一方で、最大同時接続数の上限がないか、あっても遠隔会議やウェビナーより多いです。ウェビナーは最大同時接続数でプランの価格が変わりますので、予算があまり割けない場合もライブストリーミングに分があります。

　またライブストリーミングはWebブラウザで視聴できるため、参加者が専用のアプリをインストールする必要がありません。慣れている人には小さな差かもしれませんが、それでもアプリのインストールそのものやバージョン更新でつまずく人も想像しておくべきです。学術集会の開催中に「つながらない」「視聴できない」といった問い合わせを減らす意味で、大人数の参加者の学術集会ではライブストリーミングが選択肢となりうるでしょう。

　またシステム選定においては学術集会の開催形態も判断材料となります。ハイブリッド開催であれば議論に加わる一般参加者は現地会場に来ることが多いと考え、オンライン参加者の発言を割り切ってウェビナーやライブストリーミングを選択することもできます。もちろんいずれのシステムでもチャットによる質問は実現できますし、ウェビナーなら一般参加者でも発言することは可能です。

オンライン開催の構成 3

⟳ 要件

　本書で取り扱う主対象は学術集会のハイブリッド開催ですが、その前提としてオンライン開催の実現方法についても説明していきます。1章の「学術集会のオンライン開催」で定義したとおり、一般参加者が個人端末（パソコンやタブレット、スマートフォン）を使って接続し、リアルタイムに視聴と質疑ができる形態とします。

　下記を本書におけるオンライン開催のバリエーションとし、このふたつを軸にして、遠隔会議、ウェビナー、ライブストリーミングでの実施方法を見ていきます。

・基本的な遠隔会議の使い方：座長と演者が個別にオンラインで接続する
・拠点会場のあるオンライン開催：座長と演者の集まる会場を設ける

⟳ 基本的な遠隔会議の使い方

　最初は基本的な遠隔会議での学術集会のオンライン開催です（図3.1）。

　すべての役割の参加者が個人の端末を使って接続する形式で、映像音声の送受信および画面共有が可能です。

　この形式はなにより技術担当者にとっての負担が小さいという強みがあります。遠隔会議は2020年より新型コロナウイルス感染症拡大の影響で一般に普及しました。基本的な遠隔会議の使い方なら、特別な前準備も不要でしょう。もちろん本形式に限った話ではありませんが、例えばすでに引退し日常的に遠隔会議を使わない年配の参加者、あるいは所属組織の事情で特定の遠隔会議プラットフォームを使わない参加者などの例外は考慮しておくべきです。

　また、物理的な会場を使用しません。会場や機材の手配が不要なので、事務手続きや経済的な支出も他より少ないでしょう。

　座長と演者のみが音声映像の送受信と画面共有ができ、一般参加者は視聴とチャットによる質問ができるウェビナーや、遠隔会議とライブストリーミングの組み合わせもこの形式に該当します。

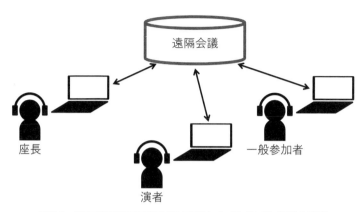

図3.1　基本的な遠隔会議の使い方をしたオンライン開催の接続

拠点会場のあるオンライン開催

　もうひとつの形式は最小限の人員のみが集まれる拠点会場のあるオンライン開催です（図3.2）。拠点会場に集まる人員は、必須なのが座長と技術担当者で、ここに演者と主催者や事務局スタッフが含まれる場合もあるでしょう。

　なお拠点会場に一般参加者が来る場合、本書の定義ではその場は次章「ハイブリッド開催の構成」における「現地会場」となります。

　基本的な遠隔会議の使い方と比べたとき、座長と技術担当者の連携のしやすさがこの形式の強みです。技術担当者は座長の意思を確認しながら拠点会場でオンラインまわりを対応でき、それによって座長はセッションの進行に集中ができます。また技術的なトラブル発生時にはオンライン越しでの連携より状況把握から意思決定まで素早く対応できます。特にオンライン参加に慣れていない座長にとって、この技術担当者との同席で受けられる恩恵は大きいでしょう。

　また拠点会場は物理的な会場とはいえ、ハイブリッド開催よりも空間的な制約がありません。ハドルルーム（数名程度の利用を想定した小会議室）から大部屋の一角まで幅広い空間に設営することができるため、予約が埋まって会場を押えられないという懸念を減らすことができます。

　なお遠隔会議やウェビナーであれば演者は参加方法を選べます。個人端末で

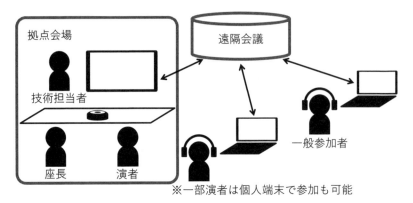

※一部演者は個人端末で参加も可能

図3.2　拠点会場のあるオンライン開催の接続

のオンライン参加でも、拠点会場から現地の参加でも、技術的には問題ありません。しかしライブストリーミングのみで配信する場合、すべての演者は拠点会場に集まらなければなりません。

✏️拠点会場の基本的な構成

拠点会場の基本的な配置例を図3.3に示します。

遠隔会議に接続する端末は下記の役割で4台のPCを使います。なお本書では次章「ハイブリッド開催の構成」以降でも、同じ役割で4台のPCを使う構成を基本とします。

・映像音声の送受信用PC
・技術担当者用PC
・発表資料共有用PC
・座長のチャット確認用PC

🔍映像音声の送受信用PC

映像音声の送受信用PCはその名前どおり、遠隔会議につなぎ座長と演者の映像音声の送受信を担う端末です（図3.4）。この端末ではマイク・スピーカー・カメラ・モニタそれぞれ外付けの機器を用意したほうがよいでしょう。

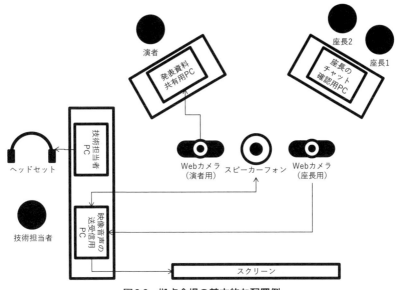

図3.3　拠点会場の基本的な配置例

　音声の送受信では2～3名（3名の例：座長2名、演者は交代で1名）が1つのマイクを共有します。スピーカーフォンをはじめとした外付けの集音マイクならば1つで周囲（機種によりけりですがだいたい半径1～2m）の音声を拾うことができるため、柔軟に会場レイアウトを考えることができます。なお音声の混線をふせぐため、座長と演者の音声の送受信はこのPCだけを使います。他の端末はマイクを必ず切り、スピーカーも切るかヘッドセットなど音が漏れないものを使うようにします。

　映像については外付けカメラと大型の外付けモニタないしプロジェクターを手配することがのぞましいでしょう。カメラは1台で座長と演者をまとめて映してもよいですが、映像音声の送受信用PCで座長か演者のどちらかを映し、別端末のカメラでもう片方を映すやり方もあります。映像出力は座長と演者が見るために適したサイズ、という要件となりますので、大きければ大きいほど見やすいでしょう。ただしプロジェクターだと部屋を暗くしなければなりません。その場合、カメラに映る座長と演者が見えづらくなる点に注意してください。

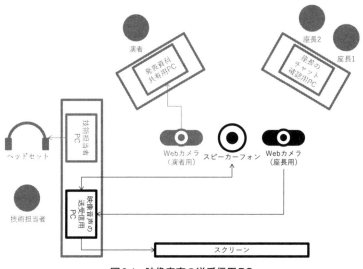

図3.4　映像音声の送受信用PC

　なお外付けの機器を使わなくても、マイク・スピーカー・カメラ・モニタが付いているノートPCやタブレット単体でできなくもありません。ただしその場合、座長と演者が端末の正面にならんで座ることになり、少し窮屈な配置の拠点会場となります。

🔍 技術担当者用PC

　技術担当者用PCはモニタリングと遠隔会議の操作の2つの用途で使います（図3.5）。遠隔会議のホスト（管理者）権限はこのPCが持っておきます。映像音声の送受信用PCから送信される音声を聞くため、外付け機器としてヘッドセットを手配します。マイクは使えないようにしておき、技術担当者が発言する場合は映像音声の送受信用PCのマイクを使います。

　モニタリングは座長と演者の発言（映像音声の送受信用PC）や、発表資料（発表資料共有用PC）がちゃんと送信されているかの確認をおこないます。マイクを切ったまま話している、マイクが周囲の雑音を拾っている、画面共有に音声が乗っていない、資料の発表者ツール側（メモや次のスライドが表示された画面）が

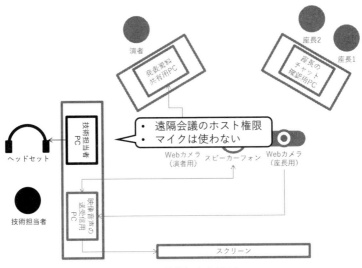

演者

発表資料
共有用PC

座長2

座長1

座長の
チャット
確認用PC

技術担当者
PC

ヘッドセット

- 遠隔会議のホスト権限
- マイクは使わない

Webカメラ
(演者用)

スピーカーフォン

Webカメラ
(座長用)

技術担当者

映像音声の
送受信用
PC

スクリーン

図3.5　技術担当者用PC

誤って共有されているなど、遠隔会議では送信側からでは気づきにくい技術的なトラブルが多くあります。ちょっとしたミスかもしれませんが、それが積み重なることで一般参加者にとってのオンライン参加に対する不信につながります。これらを早期に発見して解決するのも、技術担当者の重要な役割です。

　また、モニタリングは拠点会場で映像音声を受信できていないときの問題の切り分けの手がかりにもなります。拠点会場にいる座長や演者が見聞きできていない映像や音声が技術担当者用PCで受信できていれば、映像音声の送受信用PCになんらかの問題があると考えることができます。逆に映像音声の送受信用PCと技術担当者用PCの両方で受信できていなければ、拠点会場のネットワークや、遠隔にいるオンライン参加者の送信に問題があると考えられます。

　遠隔会議の操作ではホスト（管理者）権限を使って録画、ライブストリーミングとの連携や画面レイアウトの設定をおこないます。また、上記のモニタリングで確認した技術的なトラブルの解決、音声を混入させているオンライン参加者のミュートなども技術担当者用PCでの操作となります。

🔍 発表資料共有用PC

　発発表資料の共有はできるだけ独立した端末を使い、他の端末と役割を分けたほうがよいでしょう。この発表資料共有用PCは、マイクとスピーカーを使えない状態にしたうえで遠隔会議に接続します（図3.6）。

　演者は自分が操作している画面を発表資料共有用PCで、一般参加者が見ているものと同じ画面を拠点会場のスクリーン（映像音声の送受信用PC）で見ることができます。技術担当者用PCでのモニタリングと同じですが、演者自身が見せたい画面を見せていることをリアルタイムに確認できるため、余計な心配をせず発表にいどむことができます。

　また発表資料共有用PCを手配すれば、拠点会場の参加者に不必要な画面を見せずに済むという利点もあります。映像音声の送受信用PCで画面共有をおこなう場合、その操作中の画面（発表資料ファイルを開き、全画面表示にし、遠隔会議の画面共有を開始する）が拠点会場のスクリーンに映ることになります。見栄えを意識するのであれば、この発表資料共有用PCの手配は重要になります。

　なお発表資料共有用PCは、単体で使う場合に加え、発表資料PCを別途手配

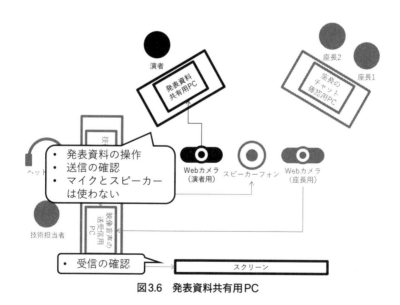

図3.6　発表資料共有用PC

40

するやり方があります。詳細は5章の「画面共有と資料操作の役割を分ける」を参照してください。

🔍 座長のチャット確認用PC

　最後が座長のチャット確認用PCです（図3.7）。映像音声の送受信用PCでチャットを確認しようとするとスクリーンが遠くて字が読みづらいうえ、他の拠点会場にいる参加者が発表資料やカメラ映像を見る妨げになります。そこでチャット確認が必要な座長向けに端末を手配します。この端末も発表資料共有用PCと同じように、マイクとスピーカーを使えない状態にしたうえで遠隔会議に接続します。画面共有や外部機器との接続がないため、PCではなくタブレットやスマートフォンを使用しても大丈夫です。

　用途としては一般参加者からの質問やコメントがチャットで来たときの確認に加え、チャットを使って技術担当者とのコミュニケーションをとることもできます。またチャット以外でも遠隔会議の参加者一覧を見る、発表資料の小さな字を読むことにも活用できます。

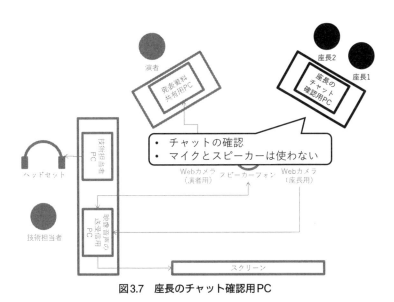

図3.7　座長のチャット確認用PC

✏️ 最小限の構成

　ここまで解説してきた構成を再現したくてもPCを4台も手配できない、4台同時に遠隔会議につなげると拠点会場のネットワークが心もとない、といった場合もあるでしょう。その場合はPCを2台まで減らした構成とすることもできます（図3.8）。

　技術担当者用PCは技術担当者の手元に欠かせないため、発表資料共有用PCと座長のチャット確認用PCは役割を映像音声の送受信用PCと合わせます。映像音声の送受信用PCは演者の手元に置き、画面共有までおこないます。基本的な構成と比べたときの制限は、以下が挙げられます。

・演者の発表中に映像音声の送受信用PCで遠隔会議の操作ができない

・演者が発表資料の受信画面を見られない

・座長がチャットを確認できない

　いずれも技術担当者がモニタリングしておき、必要に応じて技術担当者用PCからの操作や、座長や演者との連携で補うことになります。致命的な制約ではありませんが、4台で構成したほうが拠点会場の座長、演者、技術担当者にとって快適です。

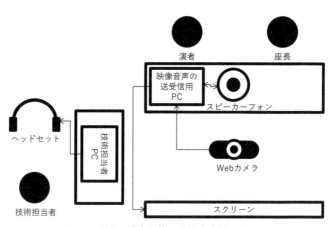

図3.8　2台の端末を使った拠点会場の配置例

ハイブリッド
開催の構成

4

Q 要件

　本書におけるハイブリッド開催の定義は、現地会場（座長や演者、事務局が集まる学術集会の会場）またはオンラインどちらかを一般参加者が自らの意思で選択でき、現地会場とオンライン参加者がリアルタイムに視聴と質疑ができる形態となります。本章ではこのハイブリッド開催の実現を、前章「オンライン開催の構成」をベースに紹介していきます。

　ハイブリッド開催の実現で一番考えなければならないのが音声です。学術集会の現地参加者同士やオンライン参加者同士の会話は難しいものではありません。しかし、現地会場とオンライン参加者の両方と同時に会話することに慣れている参加者は多くないでしょう。現地会場での議論が白熱し、オンライン参加者そっちのけでマイクを使わずに話す光景はハイブリッド開催では珍しくありません。そのため現地会場の参加者にできるだけ自然にマイクを使ってもらうか、マイクを使わなくとも音声を拾うやり方のどちらかが求められます。

　すべての現地参加者（座長、演者、一般参加者）の音声は、他のすべての参加者に聞こえる必要があります。小規模な会場であればそのままで問題ありませんが、講堂など大がかりな規模になるとマイクを使った会場内での拡声が必要となります。ハイブリッド開催では、そのマイク音声を遠隔会議と会場内スピーカーに分配しなければなりません。

　オンライン参加者の音声は、他のオンライン参加者はそのまま聞くことができます。現地会場でもスピーカーから聞こえるのですが、前述のマイク音声の分配との兼ね合いで音声がループしない構成が必要となります。

Q 基本構成

　最初の例は小規模な会場を対象とした基本構成になります。現地会場に集まるのが座長と演者に加えて数名程度の一般参加者であれば、前章で解説した「拠点会場の基本的な構成」とほとんど同じになります（図4.1）。前章の拠点会場とのちがいは2点あります。

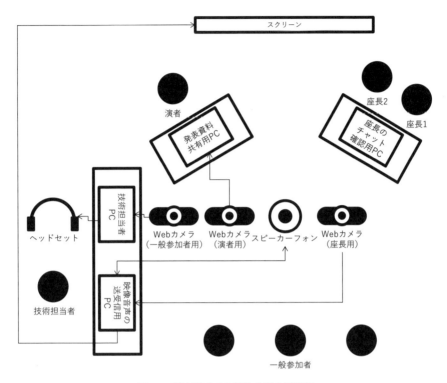

図4.1　基本構成での現地会場の配置例

　ひとつはスクリーンを座長と演者の後方に配置することです。これは一般参加者が座長・演者とスクリーンを同時に見ることができる配置とするためです。現地開催と同じ配置にするともいえます。座長と演者はスクリーンを見づらくなりますが、それぞれの手元に遠隔会議につながったPCがありますので、そちらを主に見る形で補います。

　もうひとつはWebカメラをもう1台追加し、合計3台としていることです。追加したカメラは一般参加者を映すためのものです。オンライン参加者に現地会場の様子を伝えるものですが、発表資料や演者のカメラ映像より優先度は下がります。そのため機材の都合で手配できなければなくてもかまいません。1台のカメラで座長・演者・一般参加者すべてを映すのであれば、三脚に固定し

たWebカメラを発言者に向けて手で動かす方法が最もシンプルです。またズーム機能のあるビデオカメラやリモコン操作でパン（水平方向）・チルト（傾き）・ズーム（望遠）の動きができるPTZカメラがあると、発言者を大きく映したり現地会場全体の様子を映したりと柔軟なカメラ映像とすることができます。

　マイクは座長・演者・一般参加者が1つの集音マイクを囲うような配置で問題ありません。ここから全員が1つのマイクの集音範囲に座れなくなるほど一般参加者の人数が増えてくると、やり方を検討しなければなりません。

　技術構成を変えずに済むのは、現地会場の一般参加者が集音マイクの近くまで移動してから喋ってもらう、または発言者にマイクを渡すやり方です。技術的に実現が簡単なこのやり方の問題は、現地会場の一般参加者がこちらの想定どおりに行動しないことでしょう。現地会場にいるすべての一般参加者にオンラインと現地の参加者を平等にあつかう振る舞いは期待できません。もちろん座長は一般参加者に対してマイクを使って発言するよう呼びかけるべきです。

　現地の一般参加者がマイクを使って発言をしないときのフォローとして、座長が一般参加者の質問を復唱することもできます。すべての質問は1度座長が受け、そこから演者に振るというやり方です。質疑応答の内容によっては一般参加者と演者の掛け合いになり、座長が復唱する間がなくなる可能性もあります。そのようなときは座長が最後に議論の要約を話すなど、オンライン参加者を蚊帳の外におかないよう工夫します。座長もハイブリッド開催に慣れていないこともありますので、このような進行をとるなら事前に座長に対して十分に説明をしておく必要があります。

　他者の行動に頼るよりも確実性を上げるなら、技術環境を変えたほうがよいでしょう。集音マイクのなかには拡張マイクを連結し、より広い範囲での音声を拾うものもあります。連結した集音マイクを参加者の間に配置することで、現地とオンラインの参加者間でスムーズに会話ができるようになります。なお連結マイクの代わりに、集音マイクをつなげた複数の端末を現地会場に配置するやり方を思いつくかもしれませんが、エコーやハウリングが起きるだけでよい結果は得られません。

　オンライン参加者からの音声は、オンライン開催とほとんど同じ勝手です。

ただしオンライン開催の拠点会場と比べてハイブリッド開催の現地会場のほうが規模が大きくなるため、音声が参加者全員に聞こえるかの確認は必要です。またマイクとスピーカーを一体型ではないものとする場合は、スピーカーからの音声をマイクが拾わないように配置や機器設定を調整します。

Q ある程度大きい現地会場

　ある程度大きい現地会場においても、カメラや発表資料は前節で解説した図4.1の「基本構成」で問題ありません。しかし音声は、現地会場の中で会話をするときにマイクを使った拡声が必要となります。本節のカギはこの現地会場マイクに向けて話した音声の拡声と、映像音声の送受信用PCの音声入出力の適切な組み合わせです。

　現地会場とオンラインのすべての参加者が双方向で会話するには、現地会場マイク音声が現地会場スピーカーと映像音声の送受信用PCへ、そして映像音声の送受信用PC（オンライン参加者）からの音声が現地会場のスピーカーに送られる必要があります（図4.2）。つまり現地会場スピーカーからは、現地会場マイクと映像音声の送受信用PCの2種類の音声が聞こえてくることになります。

　まとめると、それぞれの参加者がスピーカーから聞く音声は下記になります。

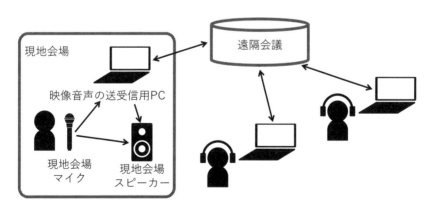

図4.2　ある程度大きい現地会場におけるハイブリッド開催の音声の流れ

・現地会場参加者：現地会場マイク音声＋オンライン参加者の音声
・オンライン参加者：現地会場マイク音声

　以下ではこの前提で具体例を解説していきます。なおいずれの場合でも、現地会場マイクは少なくとも３本（座長、演者、一般参加者にそれぞれ１本ずつ）を用意します。

✎ のぞましくない構成

　実際の構成例の前に、ハイブリッド開催でよく見かける、うまくいかない例を解説します。いずれも現地会場では音声の送受信がスムーズにおこなえるため一見問題がないように思われます。しかしオンライン参加者にとって技術的に聞きづらい、しゃべりづらい構成です。

　ひとつは図4.3で示す①現地会場マイク音声を現地会場スピーカーで拡声し、その現地会場スピーカーのそばに集音マイクを置き映像音声の送受信用PCに聞かせる、というやり方です。遠隔会議で使用するマイクもスピーカーも、基本的にはヒトと機械のインターフェースです。現地会場スピーカーの音声を①'集音マイクで拾って遠隔会議へ送る音声がどのくらい劣化するか読めないため、できるだけ避けるべきです。

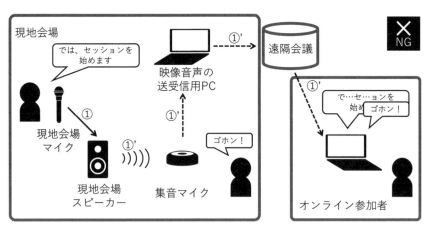

図4.3　のぞましくない構成 1

原則として現地会場にあるすべてのマイク、スピーカーと映像音声の送受信用PCは、入出力の端子同士をケーブルで接続されているべきです。

どうしてもこの構成にする場合は、必ず事前に本番と同じ機材と部屋でテストをおこない、遠隔会議ごしに①'を聞き取れることを確認しなければなりません。そのうえでも、マイクを使った拡声が必要な規模の現地会場では、セッション中に少なからぬ人の出入りがあります。現地会場スピーカーと集音マイクの間をちょっと横切る行為が、また現地会場では気にならない椅子の動きや咳ばらいが、オンライン参加者が聞き取れなくなるほど集音マイクに影響する可能性は十分にありえます。

もうひとつの例は図4.4で示す①現地会場マイクと②映像音声の送受信用PCの音声出力が合わさった音声（①+②）を、映像音声の送受信用PCに入力するというものです。

PA（Public Address）という、スピーカーによってその場にいる大勢の人に音声を届けるシステムは、大学内では後述する「スピーカー2台構成」の項で使うポータブルPAや「講義室マイク」の項で使う講義室のPAシステムがあります。これらはマイクの音声をスピーカーで拡声するだけではなく、同じ音を他の機器向けに送信する音声出力端子を有していることがあります。本構成では

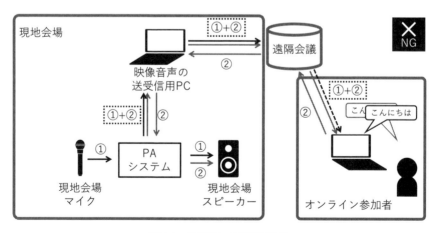

図4.4　のぞましくない構成2

この出力端子を使って映像音声の送受信用PCと接続します。

先程の例とちがいマイク、スピーカーと映像音声の送受信用PCの入出力端子同士がケーブルで接続されているため、音声の劣化やノイズの混入の影響を抑えることができます。ただし今回の例は、そもそもの構成が適切ではありません。

ポータブルPAや講義室のPAシステムは、すべての入力された音を切り分けて出力するとはかぎりません。この構成だと映像音声の送受信用PCに入力されるのは①だけでなく映像音声の送受信用PCから出力される②も含まれてしまい、遠隔会議に接続したオンライン参加者は自分がしゃべった言葉がそのまま返ってくることになります。

ヒトは自分の発話音を遅れて聞くと、以降の発話に支障をきたします。2012年にイグノーベル賞を受賞したSpeechJammerは、この聴覚遅延フィードバックを利用し特定の話者を意図的にやめさせるというものでした[1]。このSpeechJammerを遠隔会議で再現するのがこの図4.4の構成です。現地会場の参加者は気づきにくいのですが、すべてのオンライン参加者が発話しづらくなるため絶対に避けるべきです。

✏️ マイナスワン構成

ここまでののぞましくない構成をふまえ、実際に使える構成を説明していきます。

まずは図4.5で示す現地会場スピーカーでの拡声と遠隔会議との音声送受信の両方を実現するオーソドックスな方法であるマイナスワン（N-1）です。①現地会場マイク音声は、一度音声ミキサーに入力され、そこから分かれて現地会場スピーカーと映像音声の送受信用PC経由で遠隔会議に送られます。また②オンライン参加者の音声も音声ミキサーに入力されますが、こちらは現地会場スピーカーのみに伝達され、映像音声の送受信用PCには送り返しません。

音声の伝達先を主語に書きかえると、現地会場スピーカーが音声ミキサーから受け取る音声は、①現地会場マイクと②オンライン参加者の音声のふたつとなります。映像音声の送受信用PCが受け取り遠隔会議に送る音声は、音声ミ

---

1 栗原一貴, 塚田浩二. イグノーベル賞受賞研究SpeechJammer. 人工知能学会誌. 2013;28(2):318-25.

キサーからの①現地会場マイクのみとなります。

　なお②が①と同じように音声ミキサーから映像音声の送受信用PCに入力されると、図4.4の「のぞましくない構成2」のように音声の送り返しが発生してしまうので注意してください。

　マイナスワン構成の課題は機材選定、つまり結局この音声ミキサーとはどのようなものを選べばよいのか、という点です。音声ミキサーの要件はマイク3本と映像音声の送受信用PCからの入力を受付け、かつマイナスワン構成をつくれるものとなります。ただしPCやマイクと比べると、音声ミキサー自体を保有している組織は多くはなく、実現のためには別途機材を購入しなければならないケースが多いでしょう。マイナスワン構成で使う音声ミキサーは、6章にある「講義室の拡声」で少し解説します。

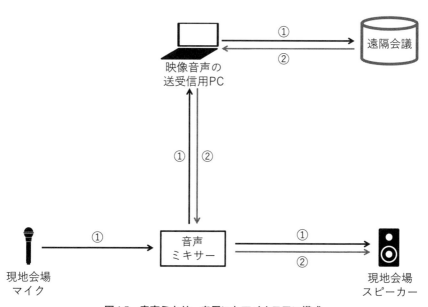

図4.5　音声ミキサーを用いたマイナスワン構成

✏️ スピーカー2台構成

　マイナスワン構成が難しければ、それぞれ現地会場マイク音声用とオンライン参加者の音声用にスピーカーを2台手配するやり方もあります（図4.6）。①現地会場マイクの音声はマイク用スピーカーにつなぎ、さらにこのマイク用スピーカーの外部出力端子から映像音声の送受信用PCにつなぎこむことで遠隔会議へ音を送ります。映像音声の送受信用PCからの②オンライン参加者の音声は別途用意したPC用スピーカーに送ります。

　なお本構成におけるマイク用スピーカーはポータブルPA（有線またはワイヤレスマイクとセットになったスピーカー）を想定しています。ポータブルPAなら複数本のマイクが使えるうえ、音声の外部出力端子を持つものが多いです。もしマイク用スピーカーに外部出力端子がなければ、現地会場マイクとマイク用スピーカーの間に音声分配器をはさみ、マイク用スピーカーと映像音声の送受信用PCそれぞれに音声を送ります。

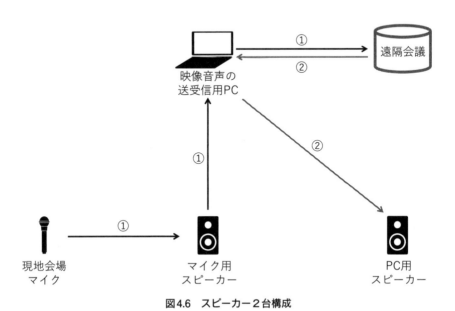

図4.6　スピーカー2台構成

🖊 講義室マイク

　大学の講義室に備え付けられている音声機器を流用したいという要望もあるでしょう。スピーカーで拡声できるマイクが複数本あり、また講義用PCの音声も同じスピーカーで流せる講義室環境は、今日ではそう珍しいものではありません。この要望を実現するには、講義室マイクの音声のみの信号を映像音声の送受信用PCにつなぎこめばよいだけの話です。単純な話ではありますが、それができるかは環境次第です。

　このような講義室のPAシステムは一般的に、講義卓や専用の操作卓、あるいはラックにまとめて組み込まれています。そこに講義室マイクの音声のみを出力する端子があるか、講義室の管理部署や納入業者に問い合わせてください。

　講義室マイクの音声のみを取り出すことが難しければ、あとは図4.3のように講義室のスピーカー近くに集音マイクを置く構成になりますので、本書としては断念することを強くおすすめします。複数本のマイクが事前の設営や調整なしに使える利点はあっても、オンライン参加者への適正な音声の送信ができなければハイブリッドとしては片手落ちです。

　どうしても講義室の設備を最大限に利用したければ、講義室のスピーカーを前述のスピーカー2台構成（図4.6）におけるPC用スピーカーとし、映像音声の送受信用PCからのオンライン参加者の声を聞くのに用いることができます。その場合は現地会場マイクとマイク用スピーカーを別途手配することを忘れてはいけません。

🖊 遠隔会議専用端末

　大学によってはPAシステムが組み込まれた遠隔会議専用端末を備えた講義室もあるでしょう（図4.7）。

　いわゆるH.323やSIPとよばれる規格を採用している専用端末であれば、Zoom（有償オプションのSIP/H.323 ルームコネクタを使用）やMicrosoft Teams、シスコシステムズWebex（標準機能）へつなぐことができます。この設備が使えればマイナスワン構成やスピーカー2台構成などわざわざ検討しなくても、すべての現地会場とオンラインの参加者の会話を実現できます。

　ただし、そもそも使えるかどうかという大きな課題があります。H.323やSIPとZoomやMicrosoft Teams、シスコシステムズWebexの接続はゲートウェイを経由するもので、用いる遠隔会議専用端末との互換性に難がある可能性もあります。接続ができない、接続ができても音声や映像の送信や受信ができない、といった事態が本番に起こらないよう、事前に動作確認をおこないます。また設定や操作方法を知っている教職員がいない、学外に接続できない設定になっている、故障している等の理由で使えない可能性もあります。

図4.7　九州大学医系キャンパスにある遠隔会議専用端末が導入された講義室

使えたとしても、機種が古くスペックが現在のものに及ばない可能性もありえます。画面共有のフレームレートが著しく低いものもあるため、とりわけ動画の共有がある場合は注意が必要です。また画面レイアウト設定が柔軟にできない、チャットが使えない等細々した勝手の違いもあります。

音声のやり取りのみこの遠隔会議専用端末でおこない、現地会場のスクリーン投影と画面共有の送信は遠隔会議PCを使うことで画面レイアウトの設定と画面共有のフレームレート問題は解決できます。映像音声の送受信を2つの端末に分けるので、現地会場の音声と映像に多少のズレが起こりうる点は飲み込むしかありません。

なおここまで講義室に備え付けられた専用端末について解説しましたが、あくまでその利点は専用端末そのものではなくあらかじめ組み込まれたPAシステムにあります。持ち運びができる専用端末があっても、特別な事情でもないかぎりそれ自体をZoomやMicrosoft Teams、シスコシステムズWebexにつなげる利点はないでしょう。

Q ハイブリッドの一方向配信

現地会場とオンラインの参加者の会話を実現する構成を述べてきましたが、オンライン参加者の質問をチャットに限定することで、技術的な難易度を格段に下げることができます。オンライン参加者からの音声が現地会場で聞こえなくてもよいので、図4.5、4.6にあった「②遠隔会議の音声」を考慮せずにすむためです。

図4.8はハイブリッドの一方向配信の構成例です。この構成ではスピーカー2台構成からPC用スピーカーを除外したものになります。マイク用スピーカーはポータブルPAのように音声の外部出力端子を有しているものを使っています。もしマイク用スピーカーに外部出力端子がなければ、現地会場マイクとマイク用スピーカーの間に音声分配器をはさみ、マイク用スピーカーと映像音声の送受信用PCそれぞれに音声を送ります。

一方向配信の前提として、すべての座長と演者が現地会場に来なければなり

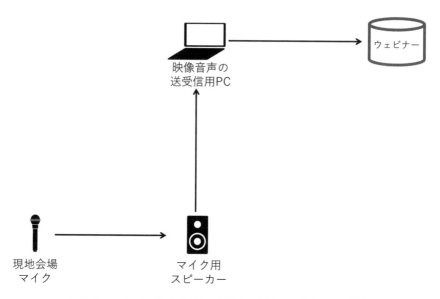

映像音声の
送受信用PC

ウェビナー

現地会場
マイク

マイク用
スピーカー

図4.8　スピーカーに外部出力端子がある場合の一方向配信の構成

ません。この前提がくずれ、ひとりでもオンラインで参加する座長や演者がい
る場合、「ある程度大きい現地会場」で解説してきたような現地会場でオンライ
ン参加者の発言が聞ける構成となります。どうしても現地会場に来れない演者
がおり、かつ音声構成が一方向配信しかできないときは、該当演者の発表の録
画データを現地会場から再生し、質問への回答はオンラインでチャットにてお
こなうといったやり方があります。

　システムについては一方向配信といえばライブストリーミングを連想するか
もしれません。しかしライブストリーミングではカメラ映像と発表資料を同時
に配信する機能がないため、その実現方法を考える必要があります。

　2章にある「遠隔会議とライブストリーミングの組み合わせ」で解説したや
り方で、遠隔会議プラットフォームがサポートしている機能でライブストリー
ミング配信するやり方がもっともシンプルでしょう。

　また現地会場のカメラで発表資料が投影されるスクリーンと演者を映すのも
手ではありますが、白飛びしたスクリーンが配信されることがないよう、事前

の品質確認が求められます。

　遠隔会議でも一方向配信はできます。しかし遠隔会議は機能的にオンライン参加者に「しゃべれるもの」と誤認される可能性に注意してください。開催案内や幕間スライド、あるいはセッション中のアナウンスで「オンライン参加者は発言できません」と周知することである程度の防止はできます。しかし学術集会運営を経験していれば、すべての参加者がいうことを聞いてくれるわけではない、ということは十分に理解されていると思います。オンライン参加者から発言があった場合、その声は他のオンライン参加者のみに聞こえ、現地会場では聞こえません。視聴しているオンライン参加者にとっては、他のオンライン参加者の質問は聞こえるが現地会場にいる座長や演者がそれを無視して進行するという奇妙な事態となってしまいます。

○ 現地会場における構成の決定

　ここまでハイブリッド開催の構成を解説してきました。では自分たちの学術集会でどのような構成とすればよいでしょうか。本節では技術的な観点から目指すべきハイブリッド開催を再確認したうえで、自分たちがどこまでできるかの確認、そして自分たちができることに応じた構成の再検討を考えていきます。

　目指すべきハイブリッド開催についてですが、本書では1章でハイブリッド開催を「現地会場またはオンラインどちらかを一般参加者が自らの意思で選択でき、現地会場とオンライン参加者がリアルタイムに視聴と質疑ができる形態」と定義しました。「現地会場またはオンラインどちらかを一般参加者が自らの意思で選択でき」の部分は、現地会場の技術面でいうと収容人数になります。「現地会場とオンライン参加者がリアルタイムに視聴と質疑ができる」の部分は、すべての参加者が音声でのコミュニケーションを取れることを理想とします。そのため目指すべきハイブリッド開催を現地会場の技術面で表すと、下記の2点になります。

・収容人数に制限がない
・オンラインの参加者と音声でコミュニケーションを取れる

次に自分たちがどこまでできるかの確認です。これはそのまま使える機材と考えてください。「使える」には手配・設営・操作の３つの意味が含まれます。これまで単にマイクとスピーカーと述べてきましたが、現地会場が大きく参加者が多ければそれだけマイクの本数は増え、スピーカーは大掛かりなものとなり、手配が難しくなります。学術集会によっては本章の「ある程度大きい現地会場」で紹介したどの構成を実現する機材も手配できない、という事態も十分にありえる話でしょう。また手配できたとしても、大掛かりな機材の設営や操作には一定の知識が求められます。使い慣れない機材を大量に導入すると、技術担当者は準備や本番でパニックになりかねません。

　そのため使える機材によって、自分たちができることに応じた構成の再検討をおこないます。大掛かりな音声機器が使えなければ、現地会場の収容人数かオンライン参加者との音声コミュニケーションのどちらかに制限をかけます。現地会場の収容人数でいうならば、使える音声機器でカバーできる人数を上限とし、残りの参加者はすべてオンラインで参加する形になります。極端な話だと、外付けの音声機器がなければオンライン開催を選択することになります。オンライン参加者との音声コミュニケーションなら、現地会場の一般参加者やオンライン参加者の発言に制限をかけることになります。現地会場内の一般参加者の発言を座長が代読する形や、オンライン参加者はチャットのみとする形で技術的な負担は軽減します。

　これまで紹介してきたハイブリッドの構成ごとの、収容人数と音声でのコミュニケーション（双方向性）をまとめたものが表4.1になります。また、音声の技術要件からハイブリッド開催の実現可否を検討するためのフローチャートが図4.9になります。これら２つをもとに主催者や事務局と話し合い、自分たちがどこまでできるかの確認、そして自分たちができることに応じた構成の再検討をしていただければと思います。どうしてもあきらめきれない、という話であれば、専門業者に依頼するのがよいでしょう。

項目		現地会場の 収容人数	双方向性	注意事項
基本構成		△	○	
ある程度 大きい 現地会場	マイナスワン 構成	○	○	機材手配
	スピーカー 2台構成			
	講義室マイク			マイクの音声 の取り出し
	遠隔会議専用 端末			互換性・機種 が古い可能性
ハイブリッドの一方向配信		○	△	

表4.1　ハイブリッド開催の各構成まとめ

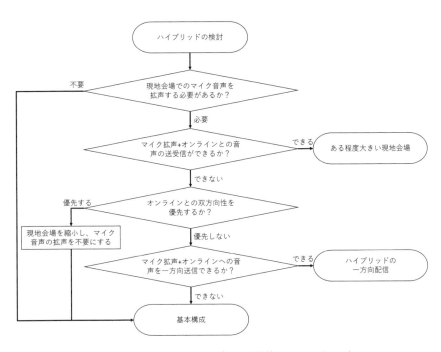

図4.9　音声要件からのハイブリッド開催のフローチャート

Q 複数の現地会場

　ここまで現地会場が1つの前提で解説してきましたが、複数の参加者が集まる現地会場が2地点以上ある、という体制もあるでしょう。端末の同時最大接続数が少なかった過去の遠隔会議ではこのような体制が普通でしたが、個人単位での遠隔会議への参加が主流となった今ではハイブリッドとして定義されるようになりました。

　Raesらの2020年のレビューでは、現地会場とオンライン参加者がリアルタイムに視聴と質疑ができるハイブリッド授業を、リモート教室とバーチャルハイブリッド教室の2つに分類しています[2]。図4.10の左がリモート教室で、本節における複数の現地会場に該当します。また右のバーチャルハイブリッド教室は、1つの現地会場と複数の個人端末でのオンライン接続です。レビューでは2013年～2019年の文献を調査していますが、左のリモート教室のみを扱った文献が5件に対し、右のバーチャルハイブリッド教室のみを扱った文献が29件という結果となっており、1つの現地会場と複数の個人端末が主流であることがうかがえます。

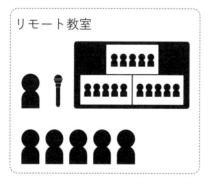
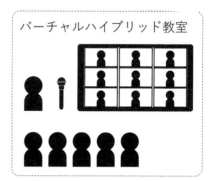

図4.10　2種類のハイブリッド授業

2　Raes A, Detienne L, Windey I, Depaepe F, Raes A. A systematic literature review on synchronous hybrid learning : gaps identified Correspondence concerning this manuscript should be addressed to : Learn Environ Res. 2020;23:269–290.

主流ではないとはいえ現在でもこの複数の現地会場は、学術集会においては長距離移動ができない層や技術環境からオンライン参加が難しい層の需要を見込むことができます。東京会場、北海道会場、九州会場と個人でのオンライン参加のような体制とすれば、近場の現地会場へ行き他の参加者と交流も可能です。このような参加者同士の交流に重きをおいたハイブリッド開催とする場合、とりわけ全国大会や国際会議など地理的なバリアが大きい会で意義を見出すことができるでしょう。また２～３人の仲間で集まって談義しながら視聴する、といった参加方法も見込めます。

　複数の現地会場によるハイブリッド開催はまた、コンテンツの不正コピーの防止という観点でも優位性があります。オンライン参加者に録画やスクリーンショットの禁止を呼びかけることがあっても、今日では技術的にそれを完全にできなくする術はありません。そこで参加者にはどこかしらの現地会場から参加してもらうことで、端末操作による録画やスクリーンショットをできない体制とすることができます。スマートフォンで現地会場を撮影するという手段も完全に防ぐことはできないまでも、運営や多くの参加者のいるなかで堂々とおこなう人はそう多くないでしょう。

　この複数の現地会場を実現するためには、複数の参加者が集まるそれぞれの現地会場で、これまで述べてきたような構成をつくります。数名程度が集まる現地会場であれば集音マイクを手配するだけでよいのですが、マイクを使った拡声が必要な、ある程度大きい現地会場が複数あると、技術的な負担は上がるでしょう。座長や演者が複数の現地会場にばらけて参加する場合、技術担当者は各現地会場の技術構成を把握したうえで、事前に動作確認をおこないます。

　参加者の把握もまた本構成の課題です。参加者が個人の端末を使ってオンライン参加していれば、技術担当者は誰が接続しているかリアルタイムに把握でき、かつプラットフォームによってはログを取ることができます。しかし１つの端末を複数名で共有して参加すると、接続単位の内訳がわからなくなります。とりわけ演者が複数の現地会場にばらけて参加していると、次の演者が参加しているのかわからないことがあります。事前に個別に問い合わせて各々がどの現地会場から参加するか把握しておき、チャット等を使いセッションの裏で連

絡を取らなければなりません。また一般参加者も、各現地会場で出席を取る必要があります。

このように複数拠点の構成では他と比べて事務局、とりわけ技術担当者の管理にかかわる負担が増加します。スムーズな学術集会のためには現地会場ごとに責任者を立て、役割を明確にするなど、多くの関係者との密な連携を求められることになるでしょう。座長や演者だけは全員1つの会場に集まる、発表はすべて録画再生にするなど、体制によって管理の負担や技術的な問題が発生した場合の影響を減らすのも現実的な選択です。

⚛ Column　　ハイブリッド開催のコンセプト

本書で解説した構成はいずれもオンライン参加者にとって現地会場からの音声が聞き取りやすく、そしてできるだけオンライン参加者からも発言ができるものとしています。このようなハイブリッド開催はオンラインで参加しても現地参加と同じように発表や質疑ができる一方、現地会場の参加者には「オンライン参加者に聞こえるように話す」という行動制約ができ、現地開催と比べて多少の不便をこうむることとなります。

学術集会の本質は現地参加にあり、オンライン参加は救済措置に過ぎない、という考え方もあるかもしれません。あるいはオンライン参加者よりも見えやすいところにいる現地会場参加者を優先する、というのもありうる考え方です。それでもオンライン参加者の側で発表や議論が聞こえなければ、そもそもハイブリッド開催の意義がなくなってしまいます。

ハイブリッド開催の技術構成を検討するにあたり、そのコンセプトは「今までの現地開催にオンラインを追加する」「現地参加者とオンライン参加者の総合的な経験を最大化させる」のどちらでしょうか。本書は後者を優先して取り扱っていますが、あらかじめ主催者や事務局と意識を共有しておいたほうがよいでしょう。

発表形式

5

🎤 要件

　本章ではハイブリッド開催の発表形式として、現地会場参加のリアルタイム発表、オンライン参加のリアルタイム発表、録画発表の3通りを説明していきます。

　これまでの現地開催の学術集会における発表では、演者が会場に来ていました。事務局が会場のPC受付に提出されたファイルの動作を確認したうえで発表用PCに移し、演者はその発表用PCにある発表資料を操作するというのが現地開催における一般的な学術集会当日の手続きの流れとなります。

　ハイブリッド開催では発表形式の選択肢が増えました。今日ではオンライン参加での発表だけでなく、録画による発表も少なからず見ることができます。これらの発表形式は、現地会場での発表とどう違うのでしょうか。またハイブリッド学術集会の現地会場での発表も、オンラインの視聴者がいる以上、現地開催とまったく同じわけにはいかないでしょう。

　学術集会の主催者や技術担当者はハイブリッド開催での発表形式を選ぶうえで、それぞれの準備の流れや良し悪しを知っておくことが求められます。またこの発表形式に加え、機器構成や、発表資料に音声が含まれる場合の送り方について述べていきます。

🎤 ハイブリッド開催における発表形式

✏️ 現地会場参加のリアルタイム発表

　最初は現地開催と同じ、演者が現地会場に来て発表をおこなう形式です。3章や4章でこの現地参加のリアルタイム発表ができる前提での構成を解説してきたように、演者の手元に発表資料共有用PCを手配する形となります。なおハイブリッド開催では演者にとってはこの形式のみ、直接聴衆を見ながら発表することとなります。

　やり方としては現地会場の発表資料共有用PCで発表資料を開けるようあら

かじめ準備しておき、遠隔会議の画面共有機能を使って発表資料の提示、操作をおこないます。この発表資料共有用PCの画面共有はセッション中ずっと付けておいてもよく、議論中にカメラ映像を主に映したい場合は切っておいてもかまいません。画面共有のオンオフを技術担当者がコントロールするのであれば、後述するように発表資料共有用PCを技術担当者の手元に置き、演者に無線マウスを渡す、キャプチャーデバイスを使うといった構成とします。

　事務局側の利点としては、演者は当日会場にファイルを持ってくるだけ、PC受付もこれまで現地開催でやってきた学術集会と同じ作業をするだけ、と当日の手続きの流れを難しく考えずに済むことが挙げられます。また現地会場には技術担当者が同席しているため、発表中に技術的なトラブルが発生した際も、後述するオンライン参加のリアルタイム発表と比べて問題の特定や対処がおこないやすいのも利点でしょう。

　一方で演者が現地会場に足を運ばなければならない、というのが本形式の欠点です。前述の手続きの流れや技術的な問題が発生した際の対処の利点はあくまで事務局側の都合です。演者にしてみれば遠隔会議やウェビナーを使ったオンライン・ハイブリッド開催なのになぜオンライン参加ができずわざわざ移動しなければならないのか、という話になります。とりわけ会場が遠い演者や、職場や自宅から離れにくい事情を持った演者からは歓迎されないでしょう。

✏️ オンライン参加のリアルタイム発表

　演者が現地会場に来られない場合は、オンライン参加による発表が選択肢となるでしょう。この形式では演者は個人端末から遠隔会議につなぎ画面共有機能を用いて発表資料を提示します。

　本書では基本的に演者を含むすべての参加者が遠隔会議を使ったことがあり、画面共有機能を使った発表も問題なく操作できる前提としています。しかし遠隔会議を使ったことがない、久しぶりに使うといった演者がいる場合は個別に事前テストをおこないます。

　自宅や職場から発表できるため、現地会場への移動がむずかしい演者に歓迎される形式です。またすべての演者がこの形式をとる場合、現地会場での演者

の発言や発表資料の操作を考慮せずにすむため、若干ながら機材の手配や配置の負担を減らすことができます。ただし現地会場で、発表資料のバックアップや幕間スライドを提示するためのPCは必要です。

オンライン参加のリアルタイム発表では自分の音声や画面共有している発表資料が遠隔会議ごしにどのように見聞きされているか、演者は正確に知ることはできません。そのためオンライン参加の演者は何らかの技術的なトラブルが発生しても、それを自分自身で気づきにくいという課題があります。これに対して現地会場参加のリアルタイム発表では、本書で解説するハイブリッドの現地会場を用いるため、会場スクリーンや技術担当者用PCで画面共有の受信を確認できます。

またオンライン参加の演者側で何らかの技術的なトラブルが発生しても、現地会場側ではなかなか状況を把握することができません。問題が発生すると座長はその解決を待つか発表順を変えるかセッション進行について判断を下します。座長の判断のために技術担当者はオンライン参加の演者とコミュニケーションをとりながら、問題がすぐに解決するのか長引くのかを見極めます。しかし演者側の問題が音声まわりや接続そのものだとコミュニケーションがとれません。コミュニケーションがとれたとして、遠隔会議ごしの演者の断片的な情報を頼りにトラブルシューティングをおこなわなければなりません。現地参加のリアルタイム発表とは対照的に、事務局側にとって難しいのがこのオンライン参加のリアルタイム発表ともいえるでしょう。

✏️ 録画発表

第三の形式が学術集会のオンライン開催とともに普及した録画発表です。録画発表では演者が事前に発表資料に録音し、動画に変換したファイルを現地会場から配信します。発表の動画は事前に発表資料共有用PCにコピーしておく必要があります。ファイルの確認と修正の時間を考慮して、演者には学術集会1週間前など早めに送付してもらったほうがよいでしょう。セッション中のファイルの操作自体は技術担当者が対応することになります。

録画ではありますがリアルタイムに進行するセッション中の配信となるため、

すべての参加者は同じタイミングで発表を視聴することになります。また演者は発表こそ録画再生でおこなうものの、現地会場またはオンラインで参加しておくことで、リアルタイムに質問への回答ができます。

　録画発表の利点のひとつはタイムマネジメントです。学術領域や団体によって差異があるかもしれませんが、学術集会での発表で規定の持ち時間を超過する演者は珍しくありません。たとえ責務であったとしても、時間制限のベルがなってもしゃべり続ける演者を静止しなければならない状況は座長にとって避けたいものでしょう。また、前半の発表時間の超過でセッションが押して、最後のほうの演者の質疑応答の時間がなくなるのは不平等です。その点、録画発表であれば事前に送られてきたファイルの再生時間を確認することで、規定内に収まっているか事前に判別することができます。時間を超過した録画発表については演者にファイルの差し替えを要求するだけでよく、セッション前にすべての発表の時間を調整することが可能です。もちろん時間を超過したファイルを差し替えない演者がいる可能性はいなめませんが、リアルタイム発表でしゃべり続ける演者よりは少数でしょう。

　もうひとつの利点は技術的なトラブルの予防と対処です。録画発表であれば事前にファイルを集めて動作確認できるうえ、現地会場から画面共有すれば技術的なトラブルの発生時も技術担当者が直接見て対処することができるため、オンライン参加のリアルタイム発表よりも問題を解決しやすいでしょう。手に負えない問題だったとしても中断の判断をすぐに下すことができ、参加者が放っておかれる時間を最小限に食い止めることができます。また質疑応答のためつないでいるオンライン参加の演者に技術的なトラブルが発生した場合でも、録画であれば現地会場から再生すればよいため順番を変えずにすみます。演者の技術的なトラブルが解決して戻ってきてから質疑を再開してもよし、問題が解決しないままセッションが終わっても最低限発表した実績は残ります。

　なおハイブリッド開催では録画の音声をどのように現地会場とオンライン参加者に送るか、検討を要します。これは現地会場参加のリアルタイム発表でも発表資料内に音声が含まれる場合にあてはまります。発表資料内の音声の送り方については後述します。

発表形式を選択する基準

　現地会場参加のリアルタイム発表、オンライン参加のリアルタイム発表、録画発表の3つから発表形式を選択するうえで、技術面での選択基準となる比較表を表5.1に示します。

　なお発表形式の混在は、事務局や技術担当者にとっての管理負担が増加します。ひとり目の演者は現地参加なので当日PC受付で発表資料を受け取り、演者が発表資料共有用PCを操作する。ふたり目の演者はオンライン参加のリアルタイム発表なので事前にバックアップ資料を受け取っておき、演者が自身の端末から画面共有をおこなうが有事に備えて技術担当者が発表資料共有用PCの前に座っておく。三人目は現地参加の予定だったが急遽オンライン参加のリアルタイム発表に切り替えたので急ぎでバックアップ資料を送ってもらい、技術担当者が発表資料共有用PCの前に座っておくように変更する。といった具合になるため、最低限セッション単位では発表形式は統一したほうがよいでしょう。

	会場設営	技術的なトラブル への対処	タイムマネジメント
現地会場参加の リアルタイム発表	○	○	△
オンライン参加の リアルタイム発表	△	△	△
録画発表	△	○	○

表5.1　各発表形式の技術面での比較表

⚛ Column　　　演者の経験の観点からの検討

　他の2形式と比較したときに、技術面での欠点が少ないのが録画発表です。しかし録画発表そのものの是非については演者の経験の観点から議論が必要となります。学術集会での発表を人前でしゃべる経験を積む場と考えると、事前に原稿を読み上げるだけの録画発表は、とりわけ若手の研究者にとっては大きな機会損失ともいえるためです。

　人前でしゃべる経験という意味では現地会場参加のリアルタイム発表と、モニタに映った聴衆を相手にしゃべるオンライン参加のリアルタイム発表でもまったく異なるものになります。オンライン参加のリアルタイム発表はさらに、他の参加者がカメラを消している場合など「虚空に向かってしゃべる」ような感覚になります。オンラインでの講義が今後定着するのであれば、聴衆の見えない環境でしゃべる経験を積むことも大切となるのかもしれません。

🎙 現地会場における発表機器の構成

　ここまで説明してきた形式での現地会場とはどのような構成になるかを述べていきます。現地会場は4章の「基本構成」をベースとしますが、「ある程度大きい現地会場」や3章の「拠点会場のあるオンライン開催」でも適用できます。

✏ 演者が発表資料共有用PCを操作する

　はじめは4章の「基本構成」と同じ、演者の手元に発表資料共有用PCを置く構成です（図5.1）。現地会場参加のリアルタイム発表での基本構成ともいえます。演者が発表資料共有用PCから遠隔会議の画面共有機能を使って発表資料を共有、そのままスライド送りを始める、という流れとなります。

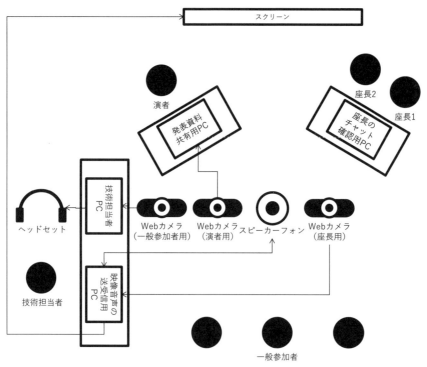

図5.1　演者が発表資料共有用PCを操作する配置例（図4.1と同図を再掲）

技術担当者が発表資料共有用PCを操作する

次は技術担当者の手元に発表資料共有用PCを置く構成です（図5.2）。オンライン参加のリアルタイム発表で演者が何らかの理由によって画面共有をできないときのバックアップや、録画発表を現地会場で操作する場合が該当します。

オンライン参加のリアルタイム発表のバックアップとして操作する場合、技術担当者が発表資料共有用PCから遠隔会議の画面共有を使って発表資料を共有し、演者の指示のもとでスライドを送る、という流れになります。録画発表でも同じように技術担当者が発表資料共有用PCから遠隔会議の画面共有を使って録画ファイルを共有し、再生する、という操作となります。

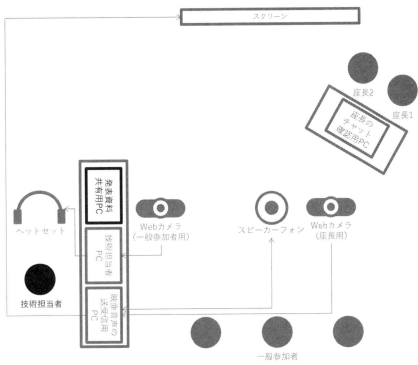

図5.2　技術担当者が発表資料共有用PCを操作する配置例

✏️画面共有と資料操作の役割を分ける

　ここまで遠隔会議の画面共有と発表資料の操作の両方を演者または技術担当者が操作する、という構成を説明してきましたが、これらの操作の役割を分けることもできます。

　シンプルなやり方は図5.3で示すように、技術担当者の手元に発表資料共有用PCを置き、演者の手元にはこの発表資料共有用PCを操作できる無線マウスとキーボードを置く、というものになります。技術担当者が発表資料共有用PC本体を操作し遠隔会議の画面共有機能を使って発表資料を共有、その後のスライド送りは演者が手元の無線マウスとキーボードを使って操作する、とい

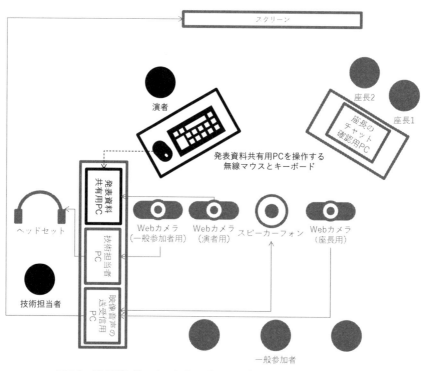

図5.3　演者が無線マウスとキーボードを使って発表資料を操作する配置例

う流れです。注意事項としては演者と技術担当者が同時に操作すると、発表資料共有用PCが意図しない挙動を取ります。どちらかが操作しているときはもう片方はマウスやキーボードに触らないという決め事をしたうえで、発表中は演者と技術担当者が合図を送りあいます。また、演者は現地会場に映るスクリーン、すなわち遠隔会議ごしに受信したスライドを見ながら操作することになります。受信する映像は実際の操作と時差があるため、多少の誤操作は起こり得るでしょう。なお外付けモニタがあれば、発表資料共有用PCにつなげてスライドが映っている画面を演者に見せることができます。

　もうひとつが図5.4の、HDMIの映像音声をUSBに変換するキャプチャーデバイスを用いて発表資料共有用PCとは別で発表資料PCを手配するやり方です。

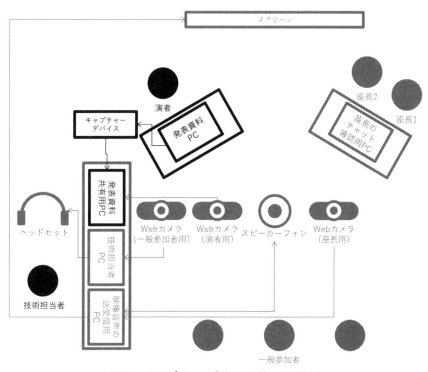

図5.4　キャプチャーデバイスを使った配置例

発表資料の入った発表資料PCを手配し、遠隔会議にはつなげずHDMIで映像
を出力します。出力されたHDMIをキャプチャーデバイスでUSBに変換し、発
表資料共有用PCにつなぎます。発表資料共有用PCでは遠隔会議の画面共有
でこのUSBで入力された映像を選択して共有します。本書で取り扱うプラット
フォームはいずれもUSBで入力された映像を「カメラ映像」という扱いで画面
共有することが可能で、設定画面は図5.5、名称は以下のとおりです（カッコ内
は確認時のバージョン）。

・Zoom（5.11.4(7185)）：詳細＞第２カメラのコンテンツ
・Microsoft Teams（1.4.00.31569）：カメラからのコンテンツ＞ビデオ
・シスコシステムズWebex（41.3.4.5）：カメラ

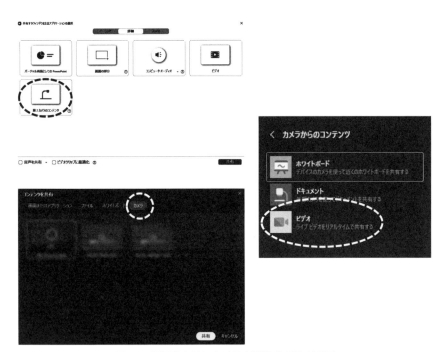

図5.5　画面共有時にカメラを選択する設定画面
（左上がZoom、左下がCisco WebEX、右がMicrosoft Teams）

この構成であれば演者は発表資料PCでもとのスライドを見ながら操作が可能です。キャプチャーデバイスへの映像出力を画面複製にし、発表資料PC側で発表者ツールを見ながら操作する、という使い方もできます。

📝 画面共有時に操作画面を見せない

いずれのやり方でも共通しますが、画面共有をおこなうときはできるだけ操作画面を見せないようにします。あらかじめスライドショーを開始してから画面共有を始める、録画ファイルを開いてから画面共有して再生するなど、対応の手間はあまりかかりません。

このちょっとした手間で一般参加者にとって見栄えがよくなりますし、スライドの編集画面やファイルを開く際のフォルダを見せないことで、不適切なコンテンツを表示させてしまう可能性を減らすことができます。学術集会を録画配信する場合でも、公開に際して映像を編集する手間を減らすことができます。

ただし演者が操作して画面共有をおこなう場合、事前に演者に操作手順を伝えなければなりません。手順を覚えてやってもらえるか保証はない点からも、画面共有時に操作画面を見せないことを優先するのであれば、技術担当者が発表資料共有用PCを操作する、画面共有と資料操作の役割を分けるといったやり方のほうがのぞましいでしょう。なお発表資料PCと発表資料共有用PCを分ける場合は、スライドショーが開始されたことを確認してから画面共有をするため演者と技術担当者の連携が重要になります。

🎧 発表資料内の音声の送り方

録画発表のみならず、リアルタイム発表でも発表資料の中に音声が含まれている場合があります。

この発表資料内の音声は、演者自身の発言とちがい映像音声の送受信用PCのマイクを通じて現地会場やオンライン参加者に送るわけではありません。そのためこの発表資料内の音声が聞こえない、または現地会場かオンラインのどちらかだけで聞こえる、といった技術的なトラブルがよく起こります。本節で

はこのような音声の送り方について、発表資料共有用PCで発表資料を操作する場合と、発表資料PCを手配する場合でそれぞれ解説していきます。

　なお発表資料内の音声、とりわけ録音した演者の声は、録音環境によってその音量にばらつきがあります。ぶっつけ本番で録画発表を再生したら音量が小さすぎて聞こえなかった、といったことがないよう、事前に遠隔会議を通して送った音声が現地会場やオンライン参加者の環境で適切に聞こえているかの確認が求められます。

✏️ 遠隔会議の音声共有オプション

　最初は図5.1や図5.2にあるような発表資料共有用PCで発表資料を操作する、遠隔会議やウェビナーを使ったハイブリッド開催です。本書で取り扱う遠隔会議のプラットフォームでは画面共有時のオプションとして、PC内の音声を共有する機能がついており、それを使用すればオンライン参加者も音声を聞くことができます。各プラットフォームにおける設定画面は図5.6、名称は以下のとおりです（カッコ内は確認時のバージョン）。

・Zoom（5.11.4(7185)）：音声を共有
・Microsoft Teams（1.4.00.31569）：コンピューターサウンドを含む
・シスコシステムズWebex（41.3.4.5）：コンピューター音声を共有する

　なお現地会場では、映像音声の送受信用PCで受信した音声を聞くことになります（図5.7）。発表資料共有用PCの音声を共有するオプションを忘れてさえいなければ現地会場のスピーカーで聞こえるため、ある程度大きい現地会場でも音声構成をむずかしく考えずにすみます。

　音声の共有中は発表資料共有用PCのスピーカーからも音が出る点に注意します。発表資料共有用PCの内蔵スピーカーから音が出ていると、現地会場の参加者は現地会場スピーカーと二重で発表の音声が聞こえてしまうことになります。発表資料共有用のスピーカーを切っておいてもいいですし、PCにヘッドセットを付けておけば現地会場で二重に聞こえてしまうことなくモニタリングできます。また発表資料共有用PCのマイクは忘れずミュートにしておきます。

図5.6　画面共有時にPCの音声を流す設定画面
（左上がZoom、左下がCisco WebEX、右がMicrosoft Teams）

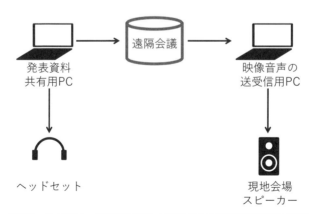

図5.7　ハイブリッド開催の現地会場における発表資料の音声構成

✏️ キャプチャーデバイスを用いた音声共有

図5.4で示したキャプチャーデバイスを使って画面共有と資料操作の役割を分ける場合、前述の音声共有オプションが使えません。そのため、発表資料共有用PCのマイクを使って音声を送ります（図5.8）。キャプチャーデバイスは発表資料PCからのHDMIをUSBに変換して発表資料共有用PCに信号を送りますが、この発表資料PCからのHDMI出力には一般的に映像と音声の両方の信号が含まれています。キャプチャーデバイスも、ものによっては例外があるかもしれませんが、USBで映像と音声を発表資料共有用PCに送ることができます。そのため、発表資料共有用PCのマイク設定でこのキャプチャーデバイスを選択することで、発表資料PCの音声をそのまま遠隔会議に送る、という構成になります。

なお本構成では音声の送信はそのままキャプチャーデバイスに行くため、前項のようにヘッドセットを用いた送信音声の確認はできません。現地会場スピーカーや、技術担当者用PCのヘッドセットを使って受信を確認するのみとなります。また設定で、発表資料PCの音声出力をHDMIにすること、発表資料共有用PCのマイクをミュートにしないことを忘れないようにします。

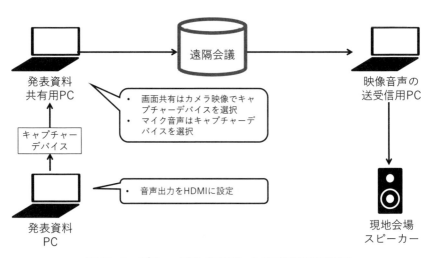

図5.8　キャプチャーデバイスを使った発表資料の音声構成

78

✒️映像音声の送受信用PCからの共有

　これまで映像音声の送受信用PCで受信した音声を現地会場スピーカーで聞く手段を説明してきましたが、映像音声の送受信用PCが送る発表資料の音声を現地会場でも聞く、というケースも存在します。

　3章における「最小限の構成」では、映像音声の送受信用PCで発表資料の共有をおこないます。この場合の設定は簡単で、映像音声の送受信用PCの音声出力に現地会場スピーカーを指定し、画面共有時に遠隔会議の音声共有オプションを付けるだけです（図5.9）。

　また4章で解説した現地会場でのマイク拡声が必要な「ハイブリッドの一方向配信」でも映像音声の送受信用PCから音声を共有します。4章の図4.8の構成だと映像音声の送受信用PCからの音声出力がないため、現地会場で聞くためにはマイクの拡声と同じところで発表資料の音声を出力する必要があります。マイク用スピーカーに複数の音声入力端子がある前提で、図5.10のように発表資料共有用PCの音声出力をマイク用スピーカーに入力すればよいでしょう。この場合、発表資料の画面自体は発表資料共有用PCを遠隔会議につないで画面

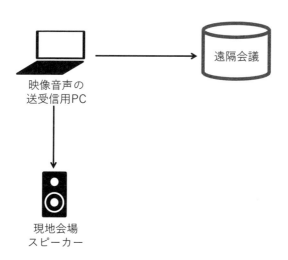

図5.9　映像音声の送受信用PCのみを使った発表資料の音声構成

共有するのがシンプルですが、キャプチャーデバイスを使って映像音声の送受信用PCから共有することもできます。その場合は映像音声の発表資料共有用PCからの音声はキャプチャーデバイスではなくマイク用スピーカーに送るよう設定しておきましょう。

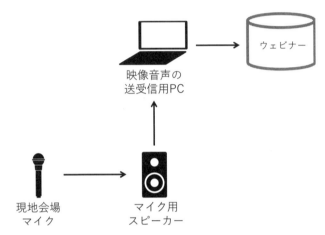

図4.8　スピーカーに外部出力端子がある場合の一方向配信の構成（p.56再掲）

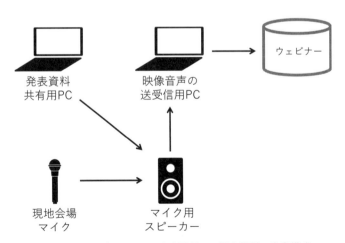

図5.10　ハイブリッドの一方向配信での発表資料の音声構成

機器・設備

6

要件

　本章ではオンライン・ハイブリッド開催における現地会場として想定している大学の教室や講堂を設営するための、機材や設備について述べていきます。本書は研究者ができるだけ自分たちで設営できるよう、各機材は安価で入手しやすいものを使うことを前提としています。そのため、会場の設備として既にあるもの、研究者個人や講座単位で所有しているであろうものをできるだけ使う方針をとります。

　会場の設備として既にあるものは、授業や会議に必要なもので、プロジェクターや大型のモニタ等の大人数で見るための映像出力機器と、そしてインターネットへの接続です。研究者個人や講座単位で所有しているであろうものは、例えばPC、またCOVID-19感染拡大にともなう業務での遠隔会議使用のために購入した個人〜少人数で使用するWebカメラやヘッドセット、スピーカーフォンを指します。またポータブルPAシステムなど遠隔会議の普及前から使用されていた音声映像に関する機材もここに含まれるでしょう。

　規模が大きい現地会場では、現地会場の参加者とオンライン参加者の双方のコミュニケーションを実現する機器を追加で購入する可能性が高くなります。

　以下では項目ごとに詳細を述べていきます。なお、本章で登場する機器は117ページを参照してください。

インターネット

　インターネットへの接続は会場の設備として既にあるものの代表格です。逆に学術集会のオンライン・ハイブリッド開催において、インターネットが使えない会場ははじめに選択肢から外されるでしょう。また使えたとしても、どうやって使うか、実際に使えるのか、事前に確認が必要です。

　どうやって使うかは、利用申請の手順の確認になります。ハイブリッド学術集会の現地会場でインターネットを利用するために事前申請が必要か、管理部署はどこか、どのような申請をいつまでにおこなうか、とりわけ初めて使う教

室や講堂では確認が必須です。同じ大学内でも教室や講義室によって申請先が異なることもあり、場合によっては利用申請の担当者を探すところから始めなければならない、ネットワークに接続する端末をすべて申請しなければならないといったこともありえます。

　また大学からのインターネット接続は、学内関係者と学外者で利用ルールが異なります。会場によっては学外者が利用できないことも十分ありえます。学外からの現地会場参加者のWi-fi利用や、現地会場からインターネットに接続する端末を業者に手配してもらう場合には事前にルールの確認が必要になります。学外者が利用できない場合は、モバイルWi-fiを手配するなどの代替手段を検討します。

　実際に使えるのかは、会場のネットワークのパフォーマンスです。インターネットにつながるとしても、遠隔会議の使用に耐えられないほど低帯域あるいは不安定な可能性もあります。学術集会で使用するプラットフォームで実際に接続できるか、複数の端末（可能であれば本番と同じ台数）で遠隔会議につなぎ、映像や音声、画面共有の送受信が問題なくできるかテストをしておきます。早い段階で問題が見つかれば、管理部署への問い合わせや会場の変更といった手を打つことができます。

　また会場内のネットワークは、事務局と一般参加者が利用するものを分けることがのぞましいです。これは現地会場にいる一般参加者が個人の端末でもオンライン視聴し、映像音声の送受信用PCなどメインで使用するべき端末の帯域が圧迫されてしまう可能性を考慮してのものです。確実性を上げるという点においては、事務局が使用する端末はできるだけ無線やモバイル通信を避け、有線で接続してください。

遠隔会議用端末

　ハイブリッド開催の現地会場で使う遠隔会議用の端末は、映像音声の送受信用、技術担当者用に加え、発表資料共有用、座長のチャット確認用の4台となります。遠隔会議につなぐPCは研究者個人や講座単位で所有しているであろ

うものとして考えてよいでしょう。ただし1セッションにつき4台の端末が必要と考えると、とりわけ並行して複数のセッションを実施する場合は手配が難しいかもしれません。PCの数をそろえることが難しければ、映像音声の送受信用に優先的にあてがってください。

　映像音声の送受信用PCは外部機器をつないで映像音声の入出力をおこなうため、機器をつなぎこむポートが十分にあることが端末としての要件となります。外部機器との接続は、映像入力、映像出力、音声入力、音声出力の合計4つの信号として考えを整理できます。ただし1ポート1信号というわけではありません。例えばPCのHDMIポートは映像に加えて音声も出力できます。USBのスピーカーフォンは1つのポートで音声の入出力が行われます。具体的に必要となるポートの種類や数は使用する外部機器によって異なります。いずれにせよ、タブレットやスマートフォンよりもポートの種類と数のあるPCを利用するほうがのぞましいことに変わりはありません。なおタブレットやスマートフォンでも外部機器とつないで映像音声の送受信用に使えないこともありませんが、曲芸のような使い方なのでおすすめはしません。

　またこれらの端末は、遠隔会議アプリがサポートしていないOSやハードウェアのスペックだったり、インストールされているアプリのバージョンが古すぎるといった理由で接続できないことがあります。事前に遠隔会議を使うためのOSと機器のスペックを確認し、アプリを最新版にしたうえで接続ができることをテストしてください。

⚙ 映像機器

✏️Webカメラによる映像入力

　映像入力機器は、3章や4章ではできるだけ追加機器を手配せずにすむよう、外付けのWebカメラで実現できるものとしていました。個人〜少人数を映す利用を前提としたWebカメラの手配に困ることはあまりないと思いますが、ハイブリッド開催における現地会場のような多くの参加者が見込まれる場所では性

能的な制限があります。現地会場の雰囲気をオンライン参加者に見せるだけならそれで問題ありませんが、映す対象を具体的にするなら話は別です。

　個人〜少人数を映すWebカメラは、ズーム機能が付いておらず、またPCからUSBケーブルの長さの範囲でしか配置できません。座長や演者の近くにPCがあれば、それらにWebカメラを付ければ問題ないでしょう。しかしPCの数や位置次第では遠目から広範囲を映すことになってしまい、カメラ映像から座長や演者の表情がわからない、座長や演者の特定が難しい、といった事態になりかねません。また一般参加者を映す場合、Webカメラだと会場全体を映すことはできますが、質問時に特定の一般参加者をアップで映す、といった操作は難しいでしょう。

　現地会場からの複数のカメラ映像を1台のPCから配信したい場合、映像音声の送受信用PCを擬似的なスイッチャーとして用いるやり方もあります（図

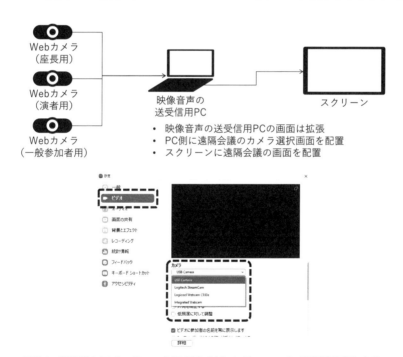

図6.1　擬似的なスイッチャーの構成例（上）とZoomのカメラ選択画面（下）

6.1)。複数のWebカメラをPCにつなぎ、技術担当者の操作のもとで発言者を映しているカメラを遠隔会議アプリの設定画面で使うカメラに選択することで、カメラ映像を切り替えることができます。なお映像音声の送受信用PCには3台のWebカメラや他の機器をつなぐための十分なUSBポートが必要です。またスクリーンで操作の様子を現地会場の参加者に見せずにすむよう、映像音声の送受信用PCからの映像出力は画面の拡張にし、スクリーン側には遠隔会議を、技術担当者側には設定画面が映るレイアウトとします。遠隔会議アプリの設定画面では接続したカメラの名称を見て選択するため、使用するWebカメラは型番がばらばらなほうが操作がしやすいです。

✎ その他のカメラによる映像入力

オンライン・ハイブリッド学術集会で使えるカメラはWebカメラだけではありません。

遠隔会議につなげる端末の内蔵カメラは、その名のとおり端末に付属しているため、外付けのWebカメラよりもさらに手配が容易です。座長のチャット確認用PCや発表資料共有用PCが座長や演者の手元にあれば、それらの内蔵カメラをWebカメラのかわりに使えます。ただしPC内蔵カメラで1人を映すのであれば問題ありませんが、複数名を映す場合、PCを参加者たちから離して配置する必要があり、それらの参加者がPCの画面を見づらくなります。

一般参加者をアップで映したければ、スマートフォンの内蔵カメラが有用です。カメラマンをひとり手配し、遠隔会議につないだスマートフォンを持って発言者の前に移動する、という運用になります。ノートPCやタブレット端末の内蔵カメラでも同じことはできますが、カメラに限定した用途では手配のしやすさや取り回しやすさからスマートフォンが適任です。

またUSBでPCに接続するカメラにも、リモコンによる遠隔操作ができるものもあります。Logicool CC4900Eやサンワサプライ 400-CAM071などパン（水平方向）・チルト（傾き）・ズーム（望遠）の動きができるPTZカメラなら、1台で様々な映像を撮ることができます。またセッション中にカメラを操作することがなくても、遠くから座長をズームで映したまま固定するなど、Webカメラ

より配置の自由度が上がりますので、所有しているなら積極的に使ったほうがよいでしょう。

　民生用や業務用のビデオカメラもHDMI出力があれば、後述するキャプチャーデバイスを経由することでPCに入力することができます。例外はありますがビデオカメラのほうがWebカメラより高性能・多機能です。ズーム機能を使えば座長や演者から離れたところに配置していてもアップで映すことが可能ですし、三脚に固定して動かすことで映したいものを映すこともできます。ただし高性能なビデオカメラを使っても、遠隔会議ソフトウェアの仕様を超える解像度やフレームレートでの送信はできない点は注意してください。

　またHDMI出力のあるカメラであれば、映像ミキサーを中継してPCに入力することができます。映像ミキサーを用いれば、複数のカメラの映像をボタンひとつで切り替えられるほか、ピクチャ・イン・ピクチャやクロマキーなど複数の映像を合成することも可能です。ただし最低限の機材で構成する、という条件では映像ミキサーの手配の優先順位は下がります。PCに直接入力できるUSB出力のある映像ミキサーとしては、Roland VR-1HDやBlackmagic ATEM Mini Proがあります。

✏️ キャプチャーデバイス

　外部機器からの映像をPCに入力するには、WebカメラのようにPC側のUSBポートにつなぐのが一般的です。PCに付いているHDMIポートはそのほとんどが出力のためで、外部機器からの信号を入力するものではありません。ビデオカメラのHDMIポートもほとんどが出力のために付いているため、PCとビデオカメラをHDMIケーブルでつないでも何もおこりません。HDMIで出力された信号をPCで取り込むには、一度USBに変換する必要があります。

　このHDMIからの信号をPCに取り込めるよう、USBに変換する機器がI-O DATA GV-HUVCやAverMedia BU110といったキャプチャーデバイスになります。HDMIからUSBへの変換は映像だけではなく音声信号も含まれるため、入力されたPCの遠隔会議アプリの設定では、カメラとマイクの項目でこのキャプチャーデバイスが選択できるようになっています。

このキャプチャーデバイスの変換は一方向のみであり、USBをHDMIに変換することはできません。USBからHDMIに変換するデバイスもありますが、こちらもHDMIをUSBの逆方向への変換はできません。間違わないようにしましょう。

キャプチャーデバイスはビデオカメラの映像を入力する以外にも、5章の「画面共有と資料操作の役割を分ける」で紹介したように発表資料の共有で使うことができます。画面共有は遠隔会議につながっているPCの画面や起動中のアプリケーションを共有するのが一般的な使い方ですが、USBでつながった映像入力ソースを共有することもできます。そのため遠隔会議につないでいない発表資料PCからのHDMI出力をUSBに変換して発表資料共有用PCに入力することで、画面共有と資料操作の役割を別端末に分けておこなえるというものです。余談ですが遠隔会議専用端末ではカメラと発表資料の両方の映像ソースを外部機器から入力するのが一般的でした。遠隔会議専用端末を使う経験が豊富な方にとってはこのキャプチャーデバイスを使った運用のほうが親しみやすいかもしれません。

✏️ 映像出力

大学の教室や講堂は授業や会議での利用を目的とした部屋なので、プロジェクターや大型スクリーンなど、会場にいる複数の人が見るための大型の映像出力装置はどこでも備わっているでしょう。

学術集会では発表資料のほかにも幕間やプログラムといったスライドを、このようなプロジェクターや大型スクリーンに映します。現地開催であればPCからの映像出力でスライドの画面をそのまま映しますが、本書で解説するオンライン・ハイブリッド開催では遠隔会議の画面を見せることになります。PCの画面を出力する点ではどちらも同じで、授業や会議での使い方と勝手は変わりません。ただしオンライン・ハイブリッド開催での使用にはいくつか注意点もあります。

ひとつはプロジェクターを使う場合で、会場全体を暗くすることです。オンライン・ハイブリッド開催では会場にいる座長や演者、一般参加者の様子をオ

ンライン参加者に向けて送信します。しかしカメラ、とりわけ本書で取り上げているようなWebカメラを暗いところで使うと、何が映っているかわからない、映像にノイズが混じるなど、適切ではない映像となってしまいます。もちろんカメラ映像のために会場の照明をつけると今度はプロジェクターで投影される映像が見えづらくなります。照明をほどよい会場の明るさに調整する、座長や演者の机にスポットライトを手配する、プロジェクター映像を優先して座長や演者のカメラ映像の品質を妥協するなど、やり方を検討する必要があります。

　もうひとつが映像と音声の同時出力です。PCからプロジェクターや大型スクリーンへ出力するポートはHDMIまたはVGA（D-sub15ピン）が一般的でしょう。VGAは映像信号のみですが、HDMIは1本のケーブルで映像と音声を同時に送ることが可能です。プロジェクターや大型スクリーンによってはスピーカーが組み込まれているものもあり、それらにPCからのHDMIケーブルをつなげると、細かな設定をしなくても映像音声を見聞きすることができます。しかし別途スピーカーフォンなどの音声出力機器を手配した場合にも、自動でPCの音声出力先がHDMIになっているケースもあります。想定とちがうところから音声が聞こえるのであればまだよいのですが、自動で設定された出力先の機器で音声が聞こえない設定にしてあると少し慌てることになります。映像音声の送受信用PCなど外部機器と組み合わせる端末は、遠隔会議につなぐ前やつないだ直後に設定画面から機器の選択を確認してください。

🎵 音声機器

✏️ 音声入力

　音声入力は現地会場でのマイク拡声の有無によって使用する機器の要件が変わります。マイク拡声を必要としない構成では、これまでは集音マイクを使った構成を説明してきました。集音マイクは設営・操作が簡単です。多くのスピーカーフォンはPCに接続するだけで細かな調整なしで使えますし、集音マイクの前に座ってさえいればマイクの受け渡しなしで会話をオンライン参加者へ

送ることもできます。

　しかし集音マイクと一概にいっても、機器によって性能は異なります。各機器の仕様を確認すると集音範囲や利用人数が記載されており、原則としてはその範囲内で構成を考えるべきです。

　例えば小型のYAMAHA YVC-200やJabra Speak 410は利用人数を最大4名までとしています。小さな机を囲んで使用する想定であり、ハイブリッド開催での利用は難しいと考えられます。小型のスピーカーフォンしか手配ができなければ、例えば座長と演者が同じ机に座り、一般参加者はスピーカーフォンの前まで移動して話す、など運用方法を検討してください。

　大人数に対応した集音マイクであれば集音範囲も広く、ハイブリッド開催で用いるのに現実的です。例えばJabra Speak 810はスピーカーフォン単体で最大15名の利用を想定しています。またマイクを連結することでより多くの利用人数に対応できるものもあります。YAMAHA YVC-1000ではマイク連結によって最大40名まで利用できるとしています。ただしこれらの大人数に対応した集音マイクを新規で購入する場合、Webカメラなどと比較して費用面で手配の難易度が高いものとなります。

　これら集音マイクならではの注意点もあります。ひとつは話し声以外の音も拾いやすいことです。エアコンや扇風機、あるいはマイクのそばに置いたノートPCの排気音、紙をめくる音など音源は色々とあります。また4章の「のぞましくない構成」の項でも書きましたが、人の出入りが増えると椅子の動きや咳払いなども増えます。現地会場では気にならなくても、これらのノイズでオンライン参加者が話し声を聞き取れなくなることは珍しくありません。集音マイクを使うなら技術担当者用PCで音声のモニタリングを徹底します。そもそも現地会場の参加者が多くなる場合は個人使用のマイクを導入してください。

　ハンドマイクやピンマイクなど、個人使用を前提としたマイクを音声入力機器として用いる場合、遠隔会議では1つの端末に1つのマイクしか選択できない点に注意してください。2本のマイクをそのまま1台のPCにつなげても、オンライン参加者に送れるのはどちらか1つです。現地会場で個人使用マイク1本だと、発言者が交代するたびにマイクを受け渡さなければなりません。現地

会場で複数本のマイクを使う場合は、マイクの音声をひとつにまとめてPCへ送る音声ミキサーを手配してください。

　また最近のPC、とりわけ携帯性に優れた小型のノートPCでは音声入力のアナログ端子が付いていません。マイクの接続端子がアナログ端子だった場合、USBに変換するオーディオインターフェースが必要です。オーディオインターフェースはCreative Technology SB-PLAY 3やサンワサプライ MM-ADUSB 3 Nのようにシンプルに音声のアナログ入出力を変換するものから、Roland Rubix24など複数のアナログの音声入出力端子を持つ音声ミキサーとして使えるものまであります。新規で手配する場合は予算と必要とする機能のふたつの観点から検討することになります。

🔎 音声出力

　映像音声の送受信用PCからの音声を出力するスピーカーの要件は、出力される音声をすべての現地会場の参加者が聞き取れることです。現地会場の広さや参加人数に応じた規模のスピーカーであればよいともいえるでしょう。10名にも満たない現地会場の参加者が近くに集まるのであれば、PC内蔵のスピーカーでも十分かもしれません。またマイク一体型のスピーカーではない場合、マイクとスピーカーの配置に注意してください。スピーカーの近くにマイクを置くと、エコーの発生源となるためです。

　現地会場のスピーカーとは別で、技術担当者用PCの音声出力としてヘッドセットも手配します。このヘッドセットは映像音声の送受信用PCからの音声が適切に送信されているかをはじめとした音声モニタリングに用いるため、最低限の要件は外に音漏れしないことです。Shockz OPENCOMM UCのような骨伝導式や、Cisco Headset 730のような外部音を取り込むヒアスルー機能がついているヘッドセットがあれば、遠隔会議と並行して現地会場の音声も聞こえるため、座長や他の事務局スタッフとの連携がしやすいでしょう。またBluetoothなど無線の接続方式であれば会場内を動き回ることもできますが、内蔵バッテリーで稼働するため学術集会が長時間になれば電池切れの心配もあります。

✏️ 講義室の拡声

　現地会場での参加者が多く、マイクとスピーカーを使った拡声が必要となる場合、最も手配が容易なのがポータブルPAシステム、いわゆる持ち運び可能なアンプとマイクのセットでしょう。講義室に組み込んであるPAシステムと異なり携帯可能である点から、ある程度場所を選ばずに使用できるのが大きな利点です。大学の備品として探せば見つかると思いますが、必ず音声出力端子を持っていることを確認してください。

　ポータブルPAは4章の「スピーカー2台構成」で記述したとおりです。具体的なモデルとしてはaudio-technica ATW-SP1920やTOA WA-2800が挙げられます。このようなポータブルPAシステムを用いる場合、アナログ端子からの音声出力が一般的でしょう。映像音声の送受信用PCに音声の入力端子があればそこに入力すればよく、なければオーディオインターフェースを使ってUSBに変換して入力することになります。

　マイナスワン構成には音声ミキサーが必要です。新しく手配するならオーディオインターフェースとミキサー機能が組み合わさったもの（入力された音声をUSBとアナログ出力に分岐するもの）のほうが簡単に構成をつくれます。BEHRINGER U-PHORIA UM2やRoland Rubix24がこのようなオーディオインターフェースに該当します。また前述のスピーカーフォンのYAMAHA YVC-1000は外部のマイクをつなぐことで、マイナスワン構成ができるスピーカーとして利用もできます。

　少し規模の大きな教室になると、スピーカーで拡声できる講義室マイクが備わっていることもあるでしょう。本件は4章「講義室のマイクとPC入力を使った構成」で実現方法を具体的に述べています。スピーカーは映像音声の入出力用PCの音声出力としてそのまま使って構いません。マイクはPAシステムに講義室マイクの音声のみ出力できる端子があれば使えますし、なければ使うべきではありません。

7 技術担当者の仕事

⊃ 要件

　学術集会のオンライン・ハイブリッド開催ですべての参加者が双方向でコミュニケーションを取るために、技術手段全般を対応する役割が、本書における技術担当者です。現地会場参加者とオンライン参加者とのリアルタイムかつ双方向でのやり取りの実現が、現地開催から追加される技術周りの対応といえるでしょう。ここまでオンライン・ハイブリッド開催として現地会場の設営方法を中心に述べてきましたが、オンライン参加者もまた遠隔会議を使う以上、技術まわりの対応が求められます。本章ではこの技術まわりの対応を、現地会場とオンライン参加者の2種類に分けて解説していきます。

⊃ 現地会場の設営・操作

　現地会場は現地開催の学術集会の要件に加え、オンライン参加者とリアルタイムでやり取りをおこなうための技術環境が必要となります。理想は現地会場の参加者が現地開催の学術集会と同じようにふるまってもオンライン参加者とコミュニケーションが取れる環境です。技術担当者はできる範囲で、この条件にできるだけ近づける現地開催の設営が求められることになるでしょう。また技術環境を設営するだけでなく、セッション中の操作も技術担当者の仕事です。これまで本書で述べてきたことをどう実現するのか事前調整と当日に分けて記述していきます。

✎ 事前調整

　現地会場の手配は、小さな会であれば部屋の選択肢は多く、また機材も小型でシンプルなもので実施可能です。しかし規模が大きくなると大型の会場を使うため小さな会場より選択肢が減りますし、大人数に対応した音声映像機器が必要となり、事前調整の負担が大きくなります。この事前調整は会場、インターネットへの接続、機材の準備、そして設営に分けることができます。

　会場の手配は現地開催と要件が異なる点がいくつかあります。現地開催であ

れば会場の音声映像機器はマイクの拡声と発表資料のスクリーンへの投影のみですが、ハイブリッド開催ではそこにオンライン参加者との映像音声と発表資料の送受信が加わります。特に該当の現地会場で初めて接続するインターネット、あるいは慣れていない映像音声機器は、理屈はわかっていてもいざ設定してみるとうまく動かないことが珍しくありません。学術集会当日にそのような状況に陥らないために時間的な余裕を確保し、試行錯誤ないしはしかるべきところへ相談してください。

　インターネットへの接続については、当日つながらないという事態をできるだけ避けなければなりません。現地会場でのネットワーク利用の手続き方法とそのスケジュールは早めに確認が必要です。また学術集会当日は休日であることが多く、現地会場が学内の場合、現地会場とネットワークの管理者が不在である可能性があります。設営で技術的なトラブルが発生した際に問い合わせができるよう、できるだけ平日日中に設営したほうがよいでしょう。

　機材の手配については、まずは映像音声と発表資料の送受信を整理するところから始めます。表7.1は送受信を整理した表の例です。この表の「受信」の

項目	送信者		受信
音声	現地会場	座長	◯
		演者	◯
		一般参加者	◯
		発表資料	×（発表資料に音声は含まれない）
	オンライン	座長	×（座長と演者はすべて現地会場参加）
		演者	×（座長と演者はすべて現地会場参加）
		一般参加者	◯（質疑応答）
		発表資料	×
カメラ	現地会場	座長	◯
		演者	◯
		一般参加者	×
	オンライン		×
画面共有	現地会場		◯
	オンライン		×

表7.1.　映像音声の送受信の確認表の例

列に有無を記載していき、学術集会によっては不要となる項目もあるかもしれ
ませんが、使用できる機材でこれらそれぞれをどのように実現するかを決めて
いきます。その後で現地会場の各機材が何の信号をどこへ送るかを示した構成
図を描きます（図7.1）。構成図を見ることで、必要となる機材の一覧表が作成で
きます。機材は6章で分類していたものをより詳細に洗い出していきます。構
成図では各機材の信号の方向と、機材同士をつなぐ端子の規格まで記載したほ
うがよいでしょう。

　追加で購入が必要なものについては、会場やインターネットと同様に早めに
手配します。また使い慣れていない機材は実際の設定や操作の確認をしておき
ます。機材同士をつなぐケーブルも重要です。学術集会直前にケーブルの端子
が機材と合わない、ケーブルの長さが致命的に短いといった事態にならないよ
うにしておきましょう。

　設営は、ある程度大きい現地会場を使う場合、午後からの開始であっても前
日から設営を始めるくらいのスケジュール感がのぞましいでしょう。さらにい

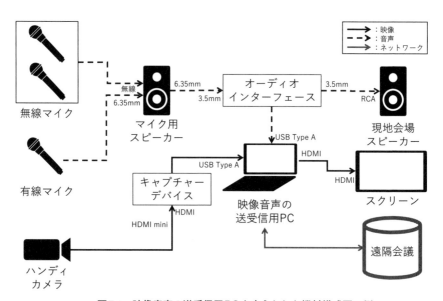

図7.1　映像音声の送受信用PCを中心とした機材構成図の例

えば開催当日は電源を入れるだけですぐつながるようにしておくのが理想です。

　機材をひと通りつないだら、次は実際の学術集会をできるだけ再現して通しでの動作確認です。動作確認は現地会場だけでなく、外からオンラインで発言や資料を共有する人を手配し、現地会場とオンライン参加者のやりとりまでおこないます。現地会場での音声の送信に関しては、座長・演者・一般参加者それぞれの位置で発言まで確認します。機材同士のつなぎこみがうまく行っていても受信側ではうまく聞き取れないといったことは十分に起こりうるため、機材の設定や配置を入念に調整します。

　また設営に関して、現地会場に複数の端末がある場合、音声まわりは注意が必要です。同一会場でマイクやスピーカーがオンになっている端末が複数あると、音声のループやハウリング、音声品質の低下の原因となります。いずれも参加者が発言を聞き取れなくなる、いうなれば参加機会を損ねるものであるため、徹底して予防されるべきです。ハイブリッド開催における現地会場でもモニタリングをおこなう技術担当者用PCはヘッドセットが必須で、画面共有用PCや座長のチャット確認PCもマイクとスピーカーをすべて切る必要があります。

🖊 学術集会当日

　学術集会当日は、直前の動作確認による技術的なトラブルの予防、そしてセッション中の現地会場のモニタリングとトラブルシューティングが技術担当者の仕事になります。

　直前の動作確認は前日の設営と同じで、実際の学術集会をできるだけ再現して通しでの動作確認をおこないます。前日にすべて調整が終わってはいるものの、機材の電源の入れ忘れなどありますので動かして確認してください。

　モニタリングについては3章や4章でも述べましたが、現地会場から送信している映像音声の品質は、映像音声の送受信用PCでは確認できません。技術担当者用PCによるモニタリングは、現地会場の送信確認のためにもあるといえます。

　トラブルシューティングは、技術担当者の力量次第でできることが変わります。しかしマイクの距離の調整やオンオフ、あるいは画面共有の表示など、

ちょっとした対応でも参加者全体にとって快適な視聴の提供につながるため、非常に意義の大きいタスクとなります。技術担当者の力量を超えた技術的なトラブルや、施設のネットワーク断など対応しようのない技術的な理由で現地会場とオンライン参加者とのコミュニケーションができなくなった場合にどうするかは、事前に事務局で話し合っておいたほうがよいでしょう。

　学術集会によっては並行で複数セッションを同時に進行することもあります。その場合、現地会場も複数手配しますが、会場ごとに遠隔会議、ウェビナー、ライブストリーミングまたは現地会場のみ開催など形式を分けてもよいでしょう。なお技術担当者が複数の現地会場を兼任することはむずかしいため、1つの現地会場に最低1名は手配が必要です。

⊖ オンライン参加者との調整

　オンライン参加者との調整は、現地会場での参加者と比べて少し複雑になります。現地会場の参加者は、大きくは現地開催の参加と変わりません。しいていうならハイブリッド開催の方法を説明したうえで、発表や議論をどのようにすすめるかの通知が加わる程度でしょう。

　しかしオンライン参加者は個人単位で遠隔会議に接続します。そして学生を相手とした授業と異なり、学術集会は多様な参加者が見込まれます。とりわけ遠隔会議を日常的に使わない方にとってオンラインでの学術集会の参加は慣れないもので、接続や操作に関する多くの技術的なトラブルが起こります。そして、少なくとも座長と演者にいえることですが、学術集会は本番であり遠隔会議の使い方を練習する場ではありません。学術集会当日に接続や操作に関する技術的なトラブルが起こらないよう、事前に最低限の調整が必要となります。

　このようなオンライン参加者の対応も技術担当者の仕事です。ただし必ずしもひとりがすべてを担う必要はなく、人手があるなら現地会場の遠隔会議環境の対応とオンライン参加者の対応、という形で分担できます。以下、オンライン参加者との調整を事前調整と学術集会当日に分けて解説していきます。

✏️ 事前調整

　オンライン参加者との調整でまずおこなうべきは、すべての座長と演者の参加方法の確認です。全員が現地会場か、一部オンライン参加があるか、あるいは全員がオンライン参加かで、その後の対応が変わります。

　オンライン参加となる座長と演者に対しては、事前に接続テストをおこないます。もし座長と演者が学術集会で使う遠隔会議のプラットフォームに不慣れな場合、できるだけ学術集会より前に1度技術担当者と接続テストの場を設け、映像や音声の送受信ができること、画面共有や学術集会当日に使う機能の操作方法の確認をおこなってください。久しぶりに使うという場合でも、該当プラットフォームのアプリが最新版ではないために接続できない、特定の機能が使えないといったこともありえるため、接続テストに参加してもらうことがのぞましいです。

　また座長と演者の参加方法が確定した時点で、セッションの進行をまとめることをおすすめします。2章の「参加者の役割ごとの行動」の項でも述べたようにセッションの流れは、開始時と終了時の座長の挨拶があり、その間に座長の進行のもと、演者の発表および一般参加者との質疑応答が繰り返されるものとなります。挨拶はともかく、発表と質疑応答はオンラインでもハイブリッドでも様々なスタイルがあり、誰がどのタイミングで操作や確認をおこなうか、セッション毎に異なるものとなりえます。事務局側で進行表を作成したうえで、座長と演者には少なくとも接続テスト実施時にそれを共有するべきです。

　一般参加者もまた接続や操作に関する技術的なトラブルを起こしうるものの、座長や演者よりも対応の優先度は下がります。もちろん参加意思があるのに参加できないという状況は起こってはならないものの、すべての参加者と個別に事前テストをおこなうわけにもいきません。事務局側で無理のない範囲の対応として、アプリの最新版へのアップデートやセルフテストをおこなう旨を事前に接続情報とあわせて案内をすることができます。

　ハイブリッドで複数の現地会場の体制をとる場合、各会場とも事前にテストの機会を設けます。最低限の確認項目としては、会場内でのマイク拡声の有無

や座長・演者・一般参加者がそれぞれどのようにマイクを使うかをふまえた音声の送受信、そして発表がある会場は発表の操作手順となります。ハイブリッド形態での遠隔会議の接続に慣れている施設であればよいのですが、十分な経験がないまま見切り発車でつなげてくる施設は特に注意しておくべきです。

　座長、演者および複数の現地会場体制の各会場の担当者に関しては、有事の際に連絡が取れるよう、電話等の予備の連絡手段を用意しておくことがのぞましいです。

　事前連絡そのものについは、十分な連絡が必ずしも最適なわけではなく、オンライン参加者が情報を見つけやすいように提供することを目指します。参加者のほとんどは主催者や技術担当者が期待するほど事前連絡の内容を読まないため、大量の情報を小分けにして連絡すると、重要な情報が見逃されてしまいます。オンライン参加者への連絡事項は事前に十分に検討し、できるだけ端的にまとめ、1箇所に集約するべきです。

　またオンライン参加者に求める行動の検討も事前調整のひとつです。オンライン参加者に行ってもらうのは映像音声の送受信、演者のみ発表資料の共有までとしましょう。それ以外の行動は、一部の参加者にしかしてもらえません。とりわけ遠隔会議プラットフォームの機能ではない使い方（表示名に「座長」のような役職を付ける等）は、全員に適切にやってもらうための労力が大きいため、対応の優先度を下げて依頼したほうがよいです。

✒️ 学術集会当日

　学術集会のセッションにおける技術的なトラブルは、起こったものに対処するより起きないよう予防するに越したことはありません。学術集会当日も、セッションが始まる直前まで予防が求められます。

　各セッション開始前に必ずオンライン参加の座長と演者に声をかけ、映像と音声（オンライン参加のリアルタイム発表があれば画面共有）の動作確認をおこなう時間を設けます。セッション開始前から開始直後にかけては技術的なトラブルが発生しやすい（実際にマイクや画面共有を使ってみることで問題が表面化する）時間帯です。この時間帯だけでもオンライン参加者との調整と、現地会場の設営・操作

の役割を分担できれば理想的です。

　セッションが始まってからは予防の手立てはなくなりますので、モニタリングとトラブルシューティングをおこないます。

　モニタリングでは技術担当者用PCや映像音声の送受信用PCより、オンライン参加の座長と演者が問題なく映像音声および発表資料の送受信ができているか常に確認します。なおチャットが使えるなら、他のオンライン参加者の書き込みによって現地会場外の状況も確認できます。

　トラブルシューティングについては現地会場と同じように、技術担当者の力量次第でできることが変わります。オンライン参加者のネットワークや機材の不調への対応は、それこそ経験がものをいう仕事です。しかしマイクのオンオフや画面共有の操作忘れの指摘、話し声が聞き取れないオンライン参加者へマイクを近づけてもらうなど、ちょっとした呼びかけだけでも十分に意義のある対応となります。

　なおオンライン参加者へのこのような操作等に関する対応依頼は、とりわけ発言中などはチャットだと伝わらないことも十分ありえます。技術担当者は裏方ということもあって気が進まないとは思いますが、マイクを使ってセッションに割り込んで指摘することが学術集会全体の利益につながることもあるでしょう。

　オンライン参加の座長と演者に技術的なトラブルが発生した場合の対応は、あらかじめ事務局で話し合っておくべきです。前述のとおりトラブルシューティングはトラブルの内容と技術担当者の力量次第でどうにもならないことがありえます。そのためその場での解決よりも代替案を手配しておくほうが確実なこともあります。座長のトラブルが発生した場合は代理を立てる、演者であれば順番変更または録画をあらかじめ用意しておくことなどが例となります。

　当日は一般参加者からオンライン接続に関する問い合わせが来ることもあります。スケジュールの確認程度であればよいのですが、視聴に関する技術的な問題、とりわけつながらないことへの対応は解決までに時間を要すことが多々あります。前日までに問い合わせが来ればまだよいのですが、セッション開始直前やセッション中にこのような対応をおこなうと、モニタリング以下、技術

担当者としての他の業務を放棄せざるをえなくなります。

　このような一般参加者からの問い合わせは、適切な事前連絡によって減らすことができます。そのうえで寄せられる問い合わせについては、接続情報の再案内やアプリのアップデートといった基本的な連絡までにとどめます。なお複数の参加者から問い合わせが来る場合、そもそも現地会場で送信する映像音声の問題である可能性もあるため、問い合わせそのものは受け付けるようにしておきましょう。

　また開始直前、休憩時間やトラブルシューティング中のオンライン参加者への対応として、「今なにをしているのか」を常にわかるようにしておくことが大切です。セッションの時間変更でずれてしまった休憩時間中に接続したときや、現地会場のトラブルシューティングをしているとき、オンライン参加者はなぜセッションがおこなわれていないのか状況がつかめません。技術担当者は画面共有やチャットを使って状況を説明し、できるだけオンライン参加者を蚊帳の外に置かないようにしておくべきです (図7.2)。

図7.2. 休憩時間に画面共有で表示させる簡易的な幕間スライドの例

⚛ Column　　　技術担当者マニュアルの例

　遠隔会議における技術担当者の仕事については、九州大学病院の監修・編集のもとで国立大学付属病院長会議技術担当者が作成したマニュアル「遠隔医療カンファレンス 技術担当者になったら読む本 入門編」が2016年に発行されています (図7.3)。[1]遠隔医療カンファレンスとは複数の医療施設間をつないだ会議であり、主として医療教育での利用を想定していました。オンライン・ハイブリッド学術集会を扱う本書とは詳細な対象こそ違うものの、遠隔会議を使って映像音声や発表資料を双方向で送受信するという点は変わりありません。また幅広い知識やスキルを持った技術担当者を対象としており、難易度に応じてできることを分けて執筆されています。

　ただし執筆当時と現在とでは遠隔会議の技術面での状況が変わりました。例えば現在の個人参加 (と現地会場の組み合わせは) はあまりなく、当時は本書でいう「複数の現地会場」での体制を前提としていた、取り扱う遠隔

図7.3　遠隔医療カンファレンス 技術担当者になったら読む本 入門編

1　工藤孔梨子, 安徳恭彰, editors. 遠隔医療カンファレンス技術担当者になったら読む本 入門編. 国立大学附属病院長会議 常置委員会 国際化担当/技術担当者チーム; 2016.

会議プラットフォームがいずれも現在ではあまり使われていない、といったものが挙げられます。

　技術面に加え、遠隔会議が共通言語となったという社会面での変化もあります。当時は教育研究での遠隔会議の使用（操作）経験を持つ人は現在と比べて少数でしたし、また大学で遠隔会議を使うためのネットワーク手配も現在のほうが簡単になっています（当時のマニュアルではネットワークは施設内配線工事まで解説してあります）。

　こういった背景が、現在の実態に沿った形での遠隔会議のセットアップ方法を解説した本書の執筆動機となります。

8

ハイブリッド学術集会の構成例

4章で解説した「基本構成」「ある程度大きい現地会場」「ハイブリッドの一方向配信」の3種類について、筆者が技術担当者として実際に対応した例を紹介します。なお、本章で登場する機器は117ページを参照してください。

🕐 基本構成の例

📝 概要

・会 議 名：The 22nd Korea Japan Young Psychiatrists' Conference
・開 催 日：2022年10月5日（水）
・場　　　所：九州大学馬出キャンパス コラボステーションⅡ 大セミナー室
・システム：Zoomによる遠隔会議
・参 加 者：現地会場約15名、オンライン80名

📝 現地会場の映像音声の構成

　構成図を図8.1、配置図を図8.2、会の様子を図8.3に記載。

　現地会場の参加者が多くなかったため現地会場内での拡声は行わず、スピーカーフォン（YAMAHA YVC-330）を座長と演者および同席する逐次通訳（参加者の日本語および韓国語での発言のあとに都度翻訳する）の音声を拾える位置に配置。後方に座る一般参加者はスピーカーフォンの手前まで移動し発言。

　遠隔会議のためすべてのオンライン参加者が発言可能。ただし現地会場で一般参加者の席にチャット確認用PCを手配し、そちらを事務局が確認する形でチャットでも質問を受付。

　カメラは通常のWebカメラ（Logicool C930e）を座長・演者・一般参加者向けに3台配置。会場のレイアウトの都合上、座長用と演者用のWebカメラはUSBアクティブリピーターケーブルを使って延長。

📝 発表

　現地会場参加のリアルタイム発表、オンライン参加のリアルタイム発表、録

画発表の3種類。

　現地会場参加のリアルタイム発表では演者の席に配置したZoomにつながっていない発表資料PCからのHDMI出力をキャプチャーデバイス（IO DATA GV-HUVC）でUSBに変換し、技術担当者の手元にある発表資料共有用PCからZoomの「第2カメラのコンテンツ」として画面共有。発表資料PCはあらかじめ手配していたが、演者が持参したPCも利用。

　録画発表は現地会場より共有。技術担当者が画面共有と再生の操作をおこなうため、録画ファイルは発表資料共有用PCに配置。

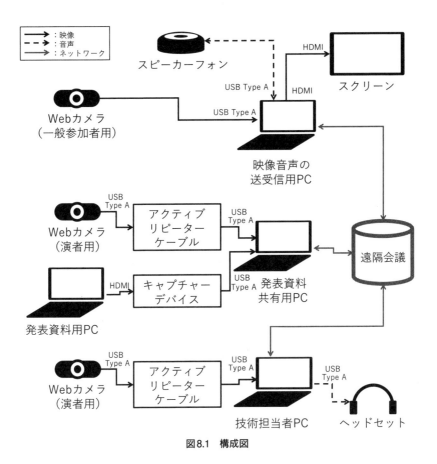

図8.1　構成図

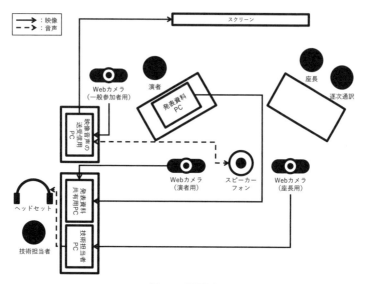

図8.2　配置図

図中のラベル:
- →：映像
- --→：音声
- スクリーン
- Webカメラ（一般参加者用）
- 演者
- 発表資料PC
- 座長
- 逐次通訳
- 映像音声の送受信用PC
- Webカメラ（演者用）
- スピーカーフォン
- Webカメラ（座長用）
- ヘッドセット
- 発表資料共有用PC
- 技術担当者
- 技術担当者PC

図8.3　会の様子（一般参加者が会場前方スピーカーフォンまで移動して質問）

🕐 現地会場でのマイク拡声のある例

✏️ 概要

- 会 議 名：日本耳鼻咽喉科学会 福岡県地方部会第188回耳鼻咽喉科・頭頸部外科学術講演会
- 開 催 日：2021年12月4日（土）
- 場　　　所：九州大学馬出キャンパス 百年講堂 大ホール
- システム：Zoomによるウェビナー
- 参 加 者：現地会場72名、オンライン95名

✏️ 現地会場の映像音声の構成

構成図を図8.4、配置図を図8.5、会の様子を図8.6に記載。

マイクの拡声およびウェビナーでの音声の送受信は、現地会場の音声システムを利用。会場で使える無線マイクを演者と座長席に置き、残りは事務局が持ち質問する一般参加者へ渡す形式。現地会場の舞台袖にある音声操作卓の音声出力端子よりマイク音声を取り出し、オーディオインターフェース（Creative Technology SB-PLAY 3）でUSBに変換して映像音声の送受信用PCに入力。

現地会場にて音声を受信できる構成を検討。オンライン参加者からの音声は映像音声の送受信用PCで受信したものを、音声出力端子から音声操作卓を経由し現地会場スピーカーに入力。なお現地会場およびオンライン参加者の音声がループしないことを確認するため、事前に現地会場を借りて事前テストを実施。チャットでも質問を受け付けるため、座長のチャット確認用PCを手配。

カメラは現地会場の後方にマイクとスピーカーを切ったタブレット端末を設置し、座長と演者が映るようステージの全景を撮影。現地会場の参加者をアップで映すカメラは手配せず。

✏️ 発表

発表形式は、一般演題の演者はすべて現地会場参加のリアルタイム発表で、

その後の特別講演のみオンライン参加のリアルタイム発表。現地会場のスクリーンには、一般演題では映像品質の担保と発表資料以外の余分なものを映さないため、Zoomを経由したものではなくオリジナルのスライドショーを投影。特別講演ではZoomの受信映像（発表資料と演者のカメラ映像）を投影。

　一般演題は演者の手元に発表資料PCとしてWindowsとMacの2台を配置。それぞれのHDMI出力を、第1映像ミキサー（Roland VR-1HD）に入力し、USBとHDMIの出力に分岐。USB出力は発表資料共有用PCに入力し、Zoomの「第二カメラのコンテンツ」として画面共有。HDMI出力は第2映像ミキサー（Roland V-02HD／後継機V-02HD MKII）に入力し、特別講演との映像を切り替え

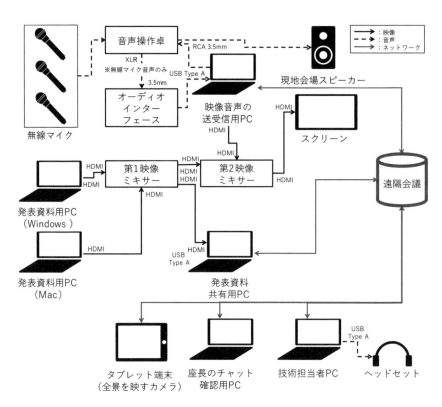

図8.4　構成図

110

てスクリーンに投影。

　特別講演における発表資料と演者のカメラ映像は映像音声の送受信用PCからのHDMI出力を第2映像ミキサー（Roland V-02HD）に入力。

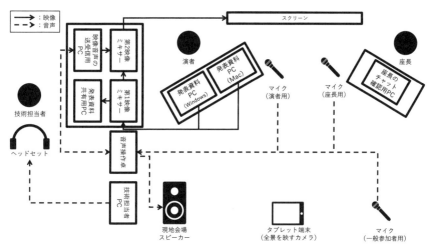

図8.5　配置図

図8.6　会の様子

🕐 ハイブリッドの一方向配信の例

✏️ 概要

- 会 議 名：第12回グローバルヤングアカデミー学会兼総会サイドイベント
  「高校生・大学生・次世代研究者による英語ディベートワークショップ」
  (日本学術会議公開ワークショップ「未来社会と学術：若手研究者がさらに若
  い世代と考える」の1イベントとして実施)
- 開 催 日：2022年6月14日 (火)
- 場　　所：九州大学 椎木講堂 第2講義室
- システム：Zoomによる遠隔会議
- 参 加 者：現地会場53名、オンライン7名

✏️ 現地会場の映像音声の構成

　構成図を図8.7、配置図を図8.8、会の様子を図8.9に記載。

　会場の規模は現地会場でのマイク拡声が必要だったものの、講義室に備え付けられているマイクからの音声出力ができなかったため、別途機材を手配。ポータブルPA (audio-technica ATW-SP1920) にハンドマイク3本 (有線1本と無線2本) を接続。有線マイクは中央の講演台に固定し、座長とディベーターを含む演者は基本的にこの中央の講演台まで移動し発言。2本の無線マイクは2チームに分かれたディベーターたちの席に配置したうえで一般参加者からの発言があれば適宜渡す形式。ポータブルPAからの音声出力端子より取り出したマイク音声をオーディオインターフェース (Creative Technology SB-PLAY 3) でUSBに変換し、映像音声の送受信用PCに入力。

　遠隔会議を使用したものの、オンライン参加者からの音声は現地会場で受信せず。オンライン参加者には事前にその旨を通知したうえで、チャットにて質問を受付。

　カメラは中央の講演台を映すものと一般参加者席を映すものの2台を手配。横幅が広く机が固定されている現地会場だったため、技術担当者の席を中央前

方の講演台の正面に設置。レイアウトの制限から少し離れた位置から講演台を映す必要があったため、PTZカメラ (Logicool CC4900E) にて講演台をズームして撮影。ディベーターや講演者は発言時に講演台まで移動するよう指示。ただし講演台から離れて発言する場合はPTZカメラを操作して発言者を追尾。一般参加者席を映すWebカメラ (Buffalo BSW500M) は、講義室の右手前に配置したチャット確認用PCに接続。

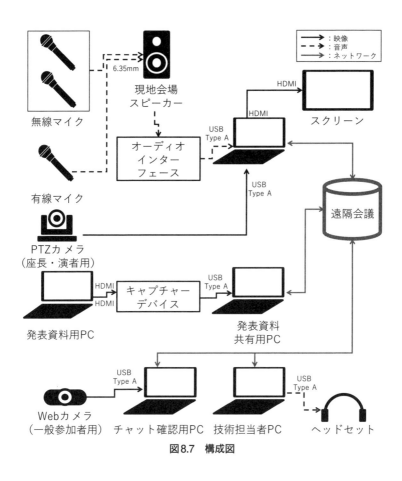

図8.7　構成図

✏️ 発表

　ディベートのイベントであり、基本的には発表資料を使わずに発言していたものの、趣旨説明やゲストスピーカーによるプレゼンテーションのために現地会場参加のリアルタイム発表を実施。端末数の都合で技術担当者用PCを発表資料共有用PCとしても兼用。講演台に配置したZoomにつながっていない発表資料PCからのHDMI出力をキャプチャーデバイス（AverMedia BU110）にてUSBに変換し、技術担当者用PCからZoomの「第2カメラのコンテンツ」として画面共有。

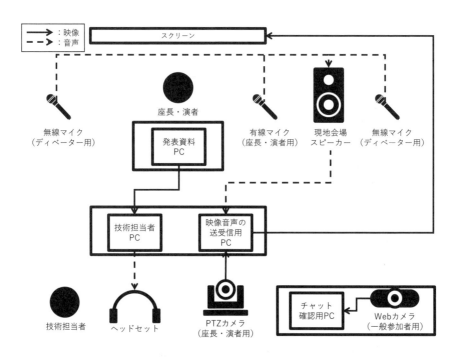

図8.8　配置図

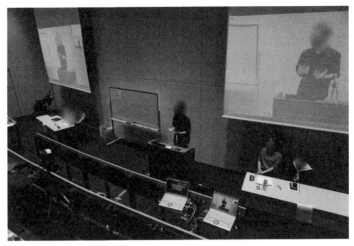

図8.9　会の様子

スマートフォンを映像音声の送受信用PCとして使う

　ここまで映像音声の送受信用端末はPCを使ってきましたが、スマートフォンやタブレット端末でどこまで実現できるのでしょうか。本コラムではある程度大きい現地会場を想定し、マイクによる拡声とオンライン参加者とのリアルタイムでの会話をスマートフォンで実現した例を紹介します。

　構成図を図8.10に示します。6章の「講義室の拡声」で紹介したように、YAMAHA YVC-1000は外部のマイクをつなぐことで、マイナスワン構成ができる現地会場スピーカーとして利用もできます。有線マイク2本をYVC-1000に接続し、YVC-1000をBluetoothでスマートフォン（iPhone12 mini）とペアリングすることで、有線マイクに向かってしゃべった音声は現地会場で拡声され、かつ遠隔会議ごしにオンライン参加者にも送信されます。またYVC-1000は同時にオンライン参加者からの音声を現地会場で聞

く、スマートフォンからの音声出力も同時に対応します。

　映像送信はスマートフォンの内蔵カメラを、出力はスマートフォンにHDMI変換アダプタを付けスクリーンに出力します。HDMIケーブルをつなげると重心がかたむくので、スマートフォンを固定する三脚はある程度大きいもののほうがよいでしょう。

　もちろんこのスマートフォンでの画面共有やチャット確認は難しいため、別途それらの役割の端末が必要です。

　こちらの内容は実際の学術集会ではなく、デモとして設営し動作確認をしたにとどまる点にご注意ください。

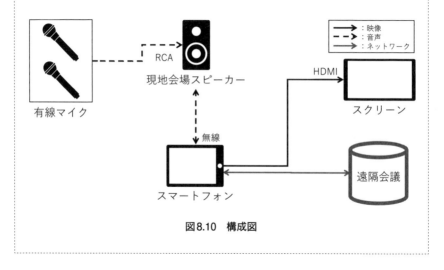

図8.10　構成図

附録 **本書で登場した機材**

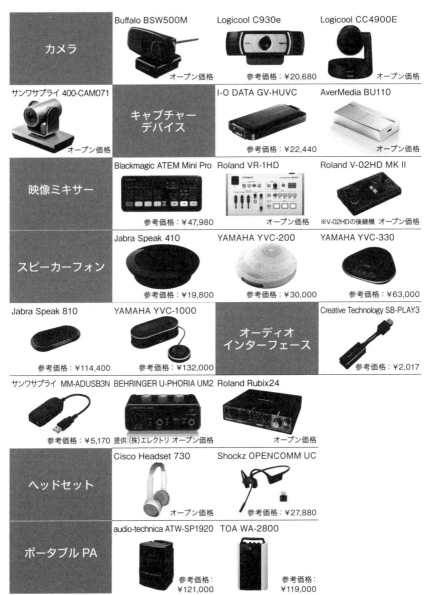

カメラ	Buffalo BSW500M オープン価格	Logicool C930e 参考価格：¥20,680	Logicool CC4900E オープン価格
サンワサプライ 400-CAM071 オープン価格	キャプチャー デバイス	I-O DATA GV-HUVC 参考価格：¥22,440	AverMedia BU110 オープン価格
映像ミキサー	Blackmagic ATEM Mini Pro 参考価格：¥47,980	Roland VR-1HD オープン価格	Roland V-02HD MK II ※V-02HDの後継機 オープン価格
スピーカーフォン	Jabra Speak 410 参考価格：¥19,800	YAMAHA YVC-200 参考価格：¥30,000	YAMAHA YVC-330 参考価格：¥63,000
Jabra Speak 810 参考価格：¥114,400	YAMAHA YVC-1000 参考価格：¥132,000	オーディオ インターフェース	Creative Technology SB-PLAY3 参考価格：¥2,017
サンワサプライ MM-ADUSB3N 参考価格：¥5,170	BEHRINGER U-PHORIA UM2 提供:(株)エレクトリ オープン価格	Roland Rubix24 オープン価格	
ヘッドセット	Cisco Headset 730 オープン価格	Shockz OPENCOMM UC 参考価格：¥27,880	
ポータブルPA	audio-technica ATW-SP1920 参考価格：¥121,000	TOA WA-2800 参考価格：¥119,000	

⋛ 謝辞

　本書は九州大学病院国際医療部アジア遠隔医療開発センターの活動として、学術集会のオンライン・ハイブリッド開催に対する技術支援を通じて培った知識や経験をまとめたものです。アジア遠隔医療開発センターの活動目的として国際間での遠隔医療教育の普及があり、その技術的な側面として遠隔会議の社会への浸透は欠かすことができません。COVID-19の感染拡大以降、遠隔会議は学術研究でも広く利用され、研究者にとって普通に使われる技術となりました。しかし本書で重点的に取り上げた学術集会のハイブリッド開催など、遠隔会議の応用的な使い方にはまだ技術支援が必要とされています。本書によって遠隔会議がより学術研究で使われることとなれば、それが私なりのセンターの活動への貢献になると考えております。

　センター長の准教授森山智彦先生、副センター長の助教工藤孔梨子先生、そして元センター長でもある現九州大学副理事の名誉教授清水周次先生には、執筆にあたりご指導いただいたのみならず、2015年の入職以来私が多くのことを学び、実践する機会を作っていただきました。ハイブリッド学術集会の技術担当者として私よりもキャリアの長い波々伯部佳子様にも、本書の内容について多くのアドバイスをいただきました。また、特任講師上田真太郎先生、特任助教久田由紀子先生、松田沙織様、幸松正浩様、森由美様、早田美帆様、岡田真由子様、片山林太郎様、黒澤茂樹様、大山明子様、道面美紀様、そして顧問である国際医療部部長の教授中島直樹先生、センターの皆様との活動があってはじめて書き上げることができました。この場を借りて厚く御礼申し上げます。

　本書はまた、アジア遠隔医療開発センターのみならず多くの方々にご協力いただきました。

　九州大学芸術工学府の博士後期課程にて私の指導教官であった、芸術工学研究院の教授平井康之先生には、在学時とかわらず近視眼的になっている私に本

118

書の全体的な構成について指摘いただきました。

　また本書の想定読者として芸術工学研究院の講師西村貴孝先生、助教元村祐貴先生、そして鹿児島大学水産学部の助教堤英輔先生の三名にご意見をいただきました。アジア遠隔医療開発センターの技術支援はおもに医系の学術集会を対象としておりましたので、他の学術分野からの視点での、貴重なコメントを多くいただきました。本件、急な依頼にもかかわらず快く引き受けていただきありがとうございました。

　8章では私が実際に技術支援した学術集会の例を紹介しました。医学研究院准教授加藤隆弘先生、准教授松本希先生、工学研究院准教授岸村顕広先生、法学研究院准教授大賀哲先生には技術支援の機会をいただけたこと、この場を借りて御礼申し上げます。

　本書は私にとって今回がはじめての単独での書籍執筆であり、新しいことに挑戦し多くを学ぶ機会となりました。企画にあたってはNPO法人企画のたまご屋さんにご協力いただきました。担当の門倉恭子様には、企画書作成に不慣れな私に丁寧にご指導いただきました。また、本書の企画にお声がけいただいた水曜社の仙道弘生様にも厚く御礼申し上げます。まったく読み手のことを考えていなかった私の原稿を現在のものまで持っていけたのは、仙道様のご協力のおかげです。

　最後になりますが、本書は妻・裕子の支えがあってはじめて書けたものです。私たちのあいだに、今年3月第一子・新が誕生しました。本書を裕子と新に捧げます。

2023年　陽光あふれる季節に

富松 俊太

富松 俊太（とみまつ・しゅんた）

九州大学病院国際医療部アジア遠隔医療開発センター特任助教。博士（芸術工学）。1985年生まれ。九州大学芸術工学部卒、同大大学院芸術工学府修士課程修了後、民間企業を経て2015年より九州大学病院国際医療部アジア遠隔医療開発センターにて遠隔会議を使った国際医療教育の技術支援に従事、技術支援をテーマとした研究も行い、2021年九州大学大学院芸術工学府博士課程修了。博士論文は「国際遠隔医療教育における遠隔会議の技術的問題とコミュニケーションデザインに関する研究」。

オンライン・ハイブリッド 学術集会の設計と開催

発 行 日	2023年6月14日　初版第一刷発行

著　　者	富松 俊太
発 行 人	仙道 弘生
発 行 所	株式会社 水曜社
	〒160-0022 東京都新宿区新宿 1-31-7
	TEL.03-3351-8768　FAX.03-5362-7279
	URL suiyosha.hondana.jp

企画協力	企画のたまご屋さん
Ｄ Ｔ Ｐ	小田 純子
印　　刷	日本ハイコム 株式会社